GUIDE YOUR LIFE TO SUCCESS

—人生を大逆転させるには—

心屋仁之助

最初で最後の講演録

心理カウンセラー
心屋仁之助

かんき出版

はじめに

みなさん、こんにちは。心屋仁之助です。

僕は、２００７年から10年間、全国各地での講演を続けてきました。

おかげさまで、これまで僕の講演会には約８万人の方々にご来場いただきました。ありがとうございます！

今回のこの本は10年間の集大成で、心屋仁之助10周年記念講演ツアー、最後に訪れた神々の国・島根県での講演を完全収録したもの。

講演に来られなかった人や、また講演会に来たけど、何度も話を繰り返し聞きたいという人のために、ＣＤ付きで本を発売することにしました。

講演内容をできるだけ忠実に、そのままにしています。
読書しながら、僕のしゃべっている声を聞ける、なんとも豪華な本です。
また、ＣＤが付いているので、どこに行くにも、心屋の声を持ち運ぶことができます。

講演会では、あなたの人生を大逆転させる方法を、あますことなく話しています。泣けて、笑えて、学べる内容になっていると思います。

それでは、心屋仁之助　最初で最後の講演録をお楽しみください。

２０１８年5月吉日

著　者

心屋仁之助　最初で最後の講演録 ―人生を大逆転させるには― ● 目次

第1部

人生を大逆転させるには

CD 1

第2部 魔法の言葉

CD 2

第3部

魔法のうた

CD3

講演

出演　心屋仁之助　心屋智子　堀江昭佳

チームメンバー・スタッフ

照明　矢崎聖子（セイコちゃん）

音響　會田雅子（マサコちゃん）

スタイリスト　中田有紀（ユキ）

制作　金澤明（ドラちゃん）

総合プロデューサー、総監督　望月一輝（モチヅキさん）

カバーデザイン　井上新八

本文デザイン・DTP　松好那名（matt's work）

CD制作　冨手一樹（株式会社巧芸創作）

協力　株式会社マックスファイブ

※本書は、2017年11月19日に島根県県民会館で行われた、『心屋仁之助10周年講演会ツアー～人生を大逆転させるには～』を収録したものです。
ライブ感をお楽しみいただくために、CD、本文はほぼ講演内容を忠実に再現しています。ただし、CDのノイズなどはこちらであらかじめ修正しています。

本書の中での（笑）（拍手）は、講演を聞きに来られたお客様方の反応になります。読みながら、聞きながら講演会場の熱気を感じていただけましたら幸いです。

第 1 部

人生を大逆転させるには

CD 1

心屋仁之助登場

こんにちは。こんにちはー。

ちょっと席が遠いので、後ろに先ご挨拶だけしていきます。こんにちは。こんにちは。こんにちは。（拍手）

よく来てくれた。こんにちは。ありがとうございます。こんにちはー。ありがとう。ありがとう。

心屋仁之助です。よろしくお願いします！

おーありがとう。

（拍手）

講演会ツアー2017というよりも、もう、これで僕は今日が講演会のファイ

ナルになります。

ファイナルで島根に来ました。

よろしくお願いします。ありがとうございます。

（拍手）

本日は1500名様満席いただきまして、ありがとうございます。（拍手）

島根にこんなに人がいたんだと。ちょっと失礼なことを言いながら始めてみたいと。

あのー。僕、昨日、車で来たんですけど、今日、雪が降ってるのね。なんかね。

米子道が通行規制とか言われて、お～よかったと思って、ギリギリ。だから、帰れない……。

しばらく、この松江に住まなければいけないなと思ってるんですけど……。

はぁー。終わりなんですよ、これで。本当によく来ていただきました。

ちょっと一応聞いておきましょう。県外から来た人どのぐらい、いらっしゃいますか？

うわっ。

やっぱり、松江は人が少ない。県外。2階。ありがとうございます。

じゃあ、一応聞いておきます。国外、国外。国外いる？　アメリカ？

はい、ありがとうございます。

本当に県外から来ていただいている、お金持ちの方々がたくさんいらっしゃいまして、泊まりがけで来ていただいた方、そして、特に僕の講演会っていうのは埋まるのが遅いんですよ。

2階、もっと早く買おう。（笑）

ためらいボタンクリック、ためらいクリック、ためらいクリックでやっと買ってね、やっと来てくれた。

それから、当日券で来てくれて、そして、立ち見で来てくれてということでね、本当に。

それでも、きっといろんな勇気を出して、そして、いろんなことを乗り越えてここに集まってきてくれた方がたくさんいらっしゃると思うんです。

楽しみにして、来ていただいてる方がほとんどだと思うんですけど……。何かいろんな自分のパニック持ってるのに、この人混みの中飛び込んで来た人、長時間の移動怖いのになにか勇気を出して来てくれた人、そして、家族の理解を得られないままここへ来てくれた人。

いろんなことを乗り越えて、ここへ集まってきてくれたと思います。

本当にありがとうございます。

本当にありがとうございます。（拍手）

よく来てくれました。ありがとう。

そして、一応これも聞いておこう。

今日初めて心屋を生で見た方。どのぐらいいらっしゃいま……。

そのまま、そのまま、顔覚えたからね。

はい、ありがとうございます。

すごい！

テレビで見てここへ来たっていう方、テレビのニュース、ＣＭとかで。はい、ありがとうございます。

テレビでもＣＭ流してくれてたらしいのでね、そういう関係でも来てくれた方いらっしゃると思います。

今日、ここで僕のこのトークショーというか、この講演会があるということを、今日みなさんは知ってて、お金があって、時間があって、家族の了解、協力があって、ここへ今、座っておられるんですよね。

だから、そんなふうにして、いろんなことを乗り越えてここに来られたということは、みなさんは、日本の中では、今日僕がここで講演会をするというのを知らない人のほうが圧倒的に多いんですよね。

でも、それをみなさんは知ってて、お金があって、体が元気で、いろんな障害を乗り越えてここへ座ることができた。

ものすごい実はラッキーなんですよ。ここに座った時点でそのラッキーは使い……果たした。（笑）

残念ながら、これであなたのラッキーはもう終わりました。

で。じゃあ、そのラッキーを使い果たしたらどうなるのかというと、次のラッキーが来るんですよ。たぶんですよ。僕は知らないけれど、たぶん来るんですよ。

今日は、ていうかね、いつもそうなんですけど、一人で来られた方、家族で来られた方、友達と来られた方、夫婦で来られた方。

その中に必ずいらっしゃるんです、無理矢理連れて来られた方……ね。

私が本当は行く予定だったけど行けないから、ちょっとあなた行って来てと。

お父さんと息子だけで来たとかなんかね、そういう。

だから、一応言うておきます。

今日、今、この場所になんで俺はここに座ってるんだということが、まだよく理解できてない方もきっとたくさんいらっしゃるんですよ。

こういう方のことをね、僕らはね、強制連行組と言ってるんですけど。

一応、最初に聞いておきます。

はい。そういう意味では、俺は、私は、無理矢理なぜか、ここに今不本意ながら座ってるという方どれぐらいいらっしゃいますか？　強制連行された組。

ありがとう。はい、ありがとうございます。

諦めてくださいね。（笑）

強制連行された組なんですけど、よくよく考えれば、これ行ってきて、ついておいでよと言われて、断る権利もあったはずなのに、なぜかそこに座っている。

これは任意同行と言います。（笑）

だから、あなたの意志でここに座ったんだということを早く諦めていただいて、だからもうこの同じ、怪しい宗教の集会のようなこの輪の中にもう入っちゃいました。

これもね、最初に言っておかないといけないんですけど。これは、心屋っていうのは、怪しい宗教の集会のような場所ではなく。

怪しい宗教の集会ですから。（笑）

もう、だから、ような場所ではないです、もう宗教の集会だと思っておいてください。

ただ、残念ながら、壺とか印鑑とか売ってないんですよ、作ってないので。

その代わり、ＣＤ売ってるんですよ。（笑）

なぜか知らないけど、一応ね、僕、心理カウンセラーという肩書きで仕事をしてるんですけど、なぜか、壺は売ってないけど、ＣＤ売ってるんです。

このＣＤがまたすごいもんで。

今日みなさんが入ってくるときはチケットで入ってきましたよね。

でもね、出るときこれ持ってないと出れません。

（笑）

一応、警備がかかって、これを持ってないと出れないようになってますんで、これね、ちょっとここ置いておきますからね。あー立たない。

これは何かというと、今日もね、みなさんに体験していただきますけど、「魔法の言葉」っていうのを使います。

それに、魔法の言葉にメロディーをのせたのが「魔法のうた」ということなんですね。

だからこのCDは、聞いてるだけで幸せになるんですよ。買って聞くだけ。だからみなさんはね、このあたりのみなさんはたぶん車生活でしょ。

車生活の方が、車でカシャッと入れたら、これだけでも幸せになるという、すごくいいですよね。僕も聞いてみたいなと思います。（笑）

今日のテーマが人生を大逆転させる方法ということだと思いますので。

要は、ここに書いてあることしか喋りません。

でも、本で読むのとビデオで見るのとテレビで見るのと、それらを見ててわかったつもりでも、今日はみなさんにこの講演会は体験型です。

あとで、もう嫌というほど体験していただきますので、だからわかってるもの、知ってるものでも、まだ体験してない、経験してなかったら、腑に落ちてないんですよ。

だから、今日はみなさんに腑に落ちて帰ってもらいます。

そして、立派な心屋の信者になって。ね、帰っていただくということになります。それと、アナウンスであったと思うんですけど、今日は写真撮影はＮＧということだったんですけど。

撮っていいです。ということでぜひ写真は撮ってください（拍手）。

ただし格好よく撮った場合のみ許されるということです。

いいですか。講演中僕はよくうろうろしますので、それをうろうろしながら。特にスマホで僕が舞台に立っている姿は写真にはほぼ撮れないと思っておいてください。

前からね、撮れない、撮れないって言われて、おかしいなと思ってたんですけど。気がついたんですよ。

オーラが出すぎ。（笑）

だから。講演中はね、ちょっとオーラを抑えて、抑えて、抑えてしてるんですけど、もうどうしてもね、発光してしまうらしい。

それから、途中で白目むいたり、変なポーズしたりするときもありますけど、そういうのはさっさと削除していただいて、格好いいやつだけ残して、最後の講演会はすごくよかったというふうにするんだよ、わかった？

SNSにね、載せてね。わかったね？　あとでチェックするからね。

ああ、実物より写真よりシュッとしてるね。実物より格好いいねってよく言われますので、実物以上に撮らないようによろしくお願いします。

よく言われます。

それともうひとつ、トイレ。僕ね、今日はファイナルなんで余計に喋ります。だから、今日はちょっと長めになると思います。（拍手）

トイレ、自由に行ってください。

トイレ我慢する人いんのやっぱりね、特に真ん中あたりに座ってる人は、人に迷惑かけたくない。すみません、すみませんって、行かなあかんやんか。

だからそれが嫌で我慢する人は、トイレのことばっかり考えて僕の話入らないので、さっさと人に迷惑をかけてトイレへ行ってください。

あなたが迷惑をかけると、迷惑をかけられた人もトイレ行きやすくなるからね。

だからね、どんどんどんどんトイレに行ってください。

神々が集まる場所

さあ、そんなことで今日は全国からたくさんの神様がここに集まって来てくださって、そして、僕に。

そうそうそう、それで今日みなさんは、講演があるということで僕を今、生で見ました。

僕は心理カウンセラーという名前で今一応活動はしてるんですけど、なんと、心理カウンセリングをしてない心理カウンセラーというね、謎の生き物なんですけれども。

それはなぜかというと、僕はもう心理カウンセリングを、ここにいる方々みんなカウンセリングしようと思ったら、たぶん10年ぐらいかかると思いますので。

10年じゃすまへんわね。

だからそんなことやってるんじゃなくて、僕はみなさんに会うという仕事をしようと思ったんですよ。

みなさんに〝会うという仕事〟。

つまり、みなさんは僕を今見ました。見ました。見た時点でもう幸せになるということを僕が一応決めましたので、だからみなさんは今僕を生で見ましたので、幸せになります。

以上。（笑）

ということで、僕の今仕事が終わりましたので。

僕、京都に住んでますので、何年かに一度のご開帳の仏像とかあるじゃないですか。あんなもんと思ってていただければ。

非常に、こんなこと言うから余計怪しいって言われるんですけど。

仏像も見ただけで、その仏像がお金くれるわけでもなく、話を聞いてくれるわけでもないのに、なんか幸せな気分になるじゃないですか。

それと一緒で今日みなさんは僕を今見たので、幸せが決定しましたので。

かつ、かつよ。

今みなさんそこに座って何をしてるかというと。

驚くなかれ、僕が吐いた息を吸ってるんですよ。（笑）

今から2時間半、2階まで行くから。

逆に言えば、僕は今みなさんが吐いた空気を吸ってるんですよ。

ゴホゴホゴホ。ねっ。（笑）

だからそんなことしながら、こんなこと言いながら、同じ、その同じライブで、この同じ空間でやっていくという。

このね、たぶん僕はね、いろんなものが見えたり聞こえたりする人じゃないんですけれども、きっとそういう目の見えない何かを今交換してるんじゃないかなと思いますので、必ず帰りにはCDを買って帰るようによろしくお願いします。

さあ、ということで今日のテーマは、「人生を大逆転させる方法」ということなんですけど。

みなさんは、人生を大逆転させたくてここに集まってきてくれたのか、そうでないのかは知らないんですけど。心屋を見た人は必ず言います。本当にいたんですねってよく言われます。

ミッキーマウスみたいな存在になってるんですけど。

人生を大逆転させるには

人生を大逆転させる方法っていうのは、実はものすごく簡単で、ものすごく難しいんです。

で、ものすごく簡単というのはどういうことかというと、人生を大逆転させるということは、人生を真逆にするということなんですよね。

人生を真逆にする方法はものすごい簡単で、今までやってきたことをやめて。

今までやらなかったことを始めたら、人生ってコロッとひっくり返るんですよ。

だから。

今日、僕がお話する内容っていうのは、多くの方がイラッとします。

つまり、あなたがやらないようにがんばってきたことをやりましょうって言います。

そして、あなたが今までよかれと思ってやってきたこと、それは役に立たないのでやめましょうと言います。

だからイラッとします。

でも、イラッとした時点で、あなたの人生はひっくり返る準備ができたということです。

あと、それをやるかやらないかだけで、ひっくり返るのか、もとのままギュッととどまるのかは、あなたがあとは決めることなので、僕はここで好き勝手に言い散らかしますので、あとはその中から自分が採用できるものをいくつ採用して変えるかによってあなたの人生が変わっていくということです。

さあ、で、心屋を僕を見つける人には共通点があるんですよ。

一番最初に、ここは怪しい宗教の集会ですということを言ったんですけど、これね。本当に、心屋を見つける人は、怪しい宗教に入ってる人が心屋を見つけれるようになってるんですよ。

どういうことかというと、心屋を見つける人っていうのは、人生に迷って、苦しんで、うまくいかなくて、大変な目に遭って、しんどい目に遭って、もう人生終わりかもしれない、ああ、もう死にたい、消えてなくなりたい、ああ、なんとかしたい、あいつが腹が立つっていう。

その、人生の中で一番自分の人生の道に迷って、迷って、迷って自分の光を探して、出口を探してうろうろしてるところに僕は待ってるんですよ。

（笑）

来たなと思ったら、キュッとつかまえる。

それを僕、ずっとやってるんですよ。

その人生に迷ってる時期、それから大変な目に遭ってる時期っていうのは共通点があって。

自分が今大変な目に遭ってたり、人生に迷ったり、酷い目に遭ってたり、苦しい思いをしてる、お金がないとかね。

そんないろんな目に遭ってる人の共通点は、自分を生きてないという共通点があるんです。

じゃあ、自分を生きてないなら、何を生きてるんだという話ですよね。

さあ、ここからね、このあと順番にお話をしていきますけど、驚愕の、驚愕というのは男女共学じゃないよ。

驚愕、非常に驚きの、みなさんの知らなかった事実を今日は知って帰ってもらいます。

気分悪くなるかもしれません。

でも、みなさんにこれは必ず知って欲しい事柄を今からお話ししていきます。

あなたは「がんばる教」に入っている!?

じゃあ、ここは今どんな怪しい宗教の集会なのかというと、ここに集まって来る人は共通点があります。

「がんばる教」という非常に恐ろしい宗教に入っておられる方がたくさんいらっしゃるんです。

「**がんばる教**」。

「がんばる教」の人って何が怖いのか。「がんばる教」の人たちの共通点3つあるんですよ。

「がんばること」が素晴らしい。
「我慢すること」が素晴らしい。
「私がやること」が素晴らしい。

この3つの「が」。

「がんばる」「我慢」「私がやる」。**この宗教なんです。**

だから、「がんばること」が素晴らしいと思ってるから、「がんばれない私」はダメなんだ。

「がんばったから」うまくいった。うまくいかないのは「がんばり」が足りなかったからだという、この思考なんですよね。

次、「我慢すること」が素晴らしい。

私が我慢してさえすれば、うまくいくんだ。

我慢してたら、この先素晴らしいものがあるんだ。

そして、何か悪いことがあったら、私の我慢が足りなかったんだと、こう言うわけです。

そして、「私がやる」のが素晴らしい。「私がやる」のが素晴らしい。「私がやる」。そして、人に迷惑をかけないように、人に助けを求めないように、自立して自活して私がすべてをやるんだということの考え方。

この3つが、みなさんを苦しめてきたっていうことです。

だからね、ほぼほぼここに集まってる人は「がんばる教」に入ってる人だと思って、僕はいつも喋ってるんですよね。

そしたらね、必ず言うんです。

「私、がんばってません」って言う人がいるんですよ。

なんかね、切れ気味に言われるんですけど。

私、がんばってませんって。

なんでがんばってないのって。まだまだ私がんばれるんです。こんなんでがんばってなんて言うたらね、もっとがんばってる人に非常に申し訳ないとか言って、謎に切れるのよ。

でも、がんばり屋さんっていうのは、寝たきりのがんばり屋さんもいるわけ。

ベッドでグーッと寝たままで、私、がんばれてない私ってダメなんだ。

それをがんばり屋さんと言うわけ。

だから、そのがんばり屋さんを今日はみなさんが。

がんばり屋さんって、あれ背負って、これ背負って、子泣き爺みたいにいっぱい背負って、重くなってバタンと倒れるわけよ。

僕も以前はがんばる教に入っていた!

で、そのがんばり屋さんに今日はがんばらないようにして、我慢しないようにして、人任せに人に迷惑をかけていきましょうという話をします。

だからイラッとします。そんなことしてうまくいくはずがないじゃないかというこの考え方で。

で、僕がそのがんばる教をバリバリやってきたんですよ。

僕はね、大学卒業してから19年間佐川急便さんでお世話になってたので、もうバリバリのがんばる教だったんですよね。

がんばっても、我慢しても、がんばっても、自分でやっても、がんばっても、我慢しても、自分でやっても、がんばっても、我慢しても、自分でやっても、それなりにうまくいくんですよ。

でも、これよりもさらにうまくいかそうと思ったら、もっとがんばらなあかんわけ。

寝る時間減らして、我慢死ぬほどして、で、人に迷惑かけずにもっと自分で背負い込んで、背負い込んで、背負い込んで、背負い投げみたいな。

流れるプールを一生懸命、逆に一生懸命泳いでたんですよね。流れるプール逆に泳いだら何が起きるか知ってます？

進まないんです。

だからそれなのに、流されたら終わりだと思って、その流れに乗ったら終わりだと思って、一生懸命、一生懸命泳いで、泳ぐのやめたら流されるから、また泳いで。

泳ぐのやめたら、それをずっと繰り返して。

がんばる教の人は迷惑

そして、がんばる教の人っていうのはね、迷惑なんですよ。

何が迷惑か。

だいたい宗教やってる人は、自分の教えが、その教えが、素晴らしいと思ってるから、人にも教えたくなるわけよ。

だから、がんばる教の人は何をするか。

「あなたもがんばりなさいよ」「あなたももっと我慢しなさいよ」「あなた人任せにしてないであなたも自分でやりなさいよ」

つまり、自分の教えを人にもやっていくわけ。

そしたら、がんばらない人見たら、あなたってどういうことなのって怒るわけです。

我慢しない人を見たら、本当にあなたってわがままですよねって、怒るし。

それから、人任せにする人見てたら、本当あいつ最低って、こう怒るんですよ。

迷惑。

自分はがんばって我慢して人任せにしないで、がんばって我慢して、迷惑……。今日、舌回れへん。

昨日、ノドグロ食べたんですけど、ちょっと脂が足りなかった。そのあとカニ食べたからかな、カニが吸っちゃった……。

こうやって、こうやって、こうやって、で、最後、みんなに迷惑かけないで私はがんばるのって背負ってバタッと倒れて、背負ってたやつ全部ブワッと投げ出すんですよ。

迷惑。

それだったら最初からちょこちょこ迷惑かけろと。人を頼れと、我慢するなというこの流れをね。

僕自身もバッと投げ出す、この投げ出すことをなんと言うのかというと、この投げ出したときに何が起きるのか。

大きな病気になったり、それから、あと借金ができたり、会社クビになったり、子供が学校行かなくなったり、旦那が浮気したり。

あと、なんかね、そういうありとあらゆる悪いことが起きるわけですよ。

あと、自分がうつになったり、パニック障害になったり、なんかね、いろんなそのね、動けなくなるねん、自分が。

つまり、がんばって、我慢して、私がやって。がんばって、我慢して、私がやって。がんばって、我慢して、私がやってをずっとやり続けたら、電気のブレーカーが落ちるみたいになるわけ。

炬燵つけて、エアコンつけて、ホットプレートつけて、ホットカーペットつけて。ブレーカー落ちるやんか。

それを僕は、強制終了と呼ぶ。

もうブレーカー落ちるようにバタッとなって、そしたら次何が起きるのか。

動けなくなる。

でも、がんばる教に入ってる人は、バタッと倒れたあとにムクッと起き上がって、顔だけ上げて、私のがんばりが足りなかったんだ。

ガ〜ガ〜ッ、また動き出すわけ。

ガ〜ガ〜ッて、まだ、背負ったままやから、また、グガ〜ッと倒れるんですよ。

で、ムクッと起き上がって、私の我慢が足りなかったんだ。

もう妖怪のようになってるわけよ。

これが。だからそれがね、強制終了。

つまり、強制終了っていうのは、強制的に人に迷惑をかけないと生きていけなくなった。強制的にがんばれなくなった。強制的にわがまま言わざるをえなくなったっていうのが強制終了なんですよ。

我慢できる強い人

さあ、そういう意味では一応、確認しておきましょう。

私は、そういう意味では、強制終了して、今ここにいるなという方がここにきっと山ほどいらっしゃるんですよ。

ちょっと一応聞いておきましょう。

私は強制終了した組だと思われる方？

ちょっとね、左右見てもらったら、はい、ありがとうございます。よく生きてきた。

本当にね。いや、本当にそうなんですよ。

それでもう死にたくなって心屋を見つけてくれた人もきっといて、でも死なずにここに来てくれた。

本当にありがとうございますと、思うんですね。

つまり、うつになる人とかそういう人っていうのは心が弱い人じゃなくて、我慢できる強い人なんです。

もっとグニャグニャに。僕自身もね、ものすごく強い人なんであれなんですけど。強すぎるねん。

もっとグニャグニャに、もっとダメダメに。

だから今日はみなさん、今日講演会終わって帰るときは。今日来るときはね、たぶんがんばり屋さんやから、こうやって歩いてきたと思うんですけど。

帰る頃には、なんかうつむいてトボトボと帰っていただくのが、僕のひとつめの目標です。

だから今日は、みなさんここを帰る頃には立派なダメ人間に。

だから、「がんばる教」から、僕はね、なんて言ってるかって言うたら、「がんばる教」から「なんか知らんけど教」っていう、怪しい宗教にみなさんに入って欲しいんですよ。

今日からは、「なんか知らんけど教」に入ろう

「なんか知らんけど教」って何か。

がんばってないのになんか知らんけどうまくいく。こんなにわがままばっかり言ってるのに、なんか知らんけど、みんな助けてくれる。

人にこんだけ迷惑かけてるのに、みんなが笑顔でいる。なんか知らんけどうまくいってるっていうね、この。

今までの正しい道から完全に外れて、完全にあかんとこ入ってるのに、なんか知らんけどうまくいくという世界に、今日はみなさんをそっと連れて行きます。

抵抗すればするほど連れてくるからね。

で、じゃあ、みなさんは、いつから「がんばる教」に入ったんだということなんです。

さあ、ここでね、みなさんが「がんばる教」に入ったきっかけを探していこうじゃないかということで、みなさんにひとつだけ質問します。

これね、僕、2013年から講演活動始めて、2017年まで丸5年で、もう7万人以上の方にお会いしてきたんですよね。

その方々に、今からする質問をすると、だいたい9割7分4厘5分[※]ぐらいの方が手を上げる質問がありますので、これをね、今からちょっとやっていきます。じゃあ、いきます。

あなたが小さい頃見ていたお母さんは？

あなたが、小さな頃。ね、今そうなったけど。今はこうなって、ああなって、こうなって、いろんな原型とどめてないやんか。でも、あなたがきっと若かった頃、小さなかわいかった頃があったと思う。

※正しくは、分→「毛」

その頃に見ていた、自分のお母さんをちょっと思い出してみてもらってもいいですか。

あなたが小さな頃見ていた、自分のお母さん。お母さん。お母さん。そのお母さんのことを今思い出したとき。

そして、今でもいいです。お母さんを思い出したときに、お母さんって楽しそうだな、イキイキしてるな、とっても綺麗だな、楽しそうに元気に明るく生きてるな、幸せそうだな、と思いながら自分のお母さんが思い出せる方ってどのぐらいいらっしゃいますか。

ちょっと手を上げてみてもらっていいですか？

自分のお母さんを、思い出したときに、ああ、幸せそうだな。幸せそうだな。

ちょっと周りを見てもらっていいですか。

あなただけです、手を上げてるのは。

はい、ありがとうございます。

では逆に、自分のお母さんを思い出したときに、わあ、大変そうだな、苦しそうだな。

いつも病気してるな。いつも朝から晩まで働いて大変そうだな。苦しそうだ。いつもお父さんと喧嘩してるな。いつも怒ってるな。悲しそうだ。眉間にグランドキャニオンなってるな。（笑）

ああ、お母さんって大変そうだな、かわいそうだなと思いながら自分のお母さんの顔が思い出せる方どのぐらいいらっしゃいますか。

ちょっと左右見てもらっていいですか？

はい、ごめんね。親子で来てる人、ごめんやで。（笑）

え、そうなの？　みたいな。あなた、そんなふうに私のことを見てたのみたいな。びっくりする人もいると思うんですけど。

はい、これが「がんばる教」に入るきっかけなんです。

親不孝のすすめ

自分が見ていた大好きなお母さんが大変そう、辛そう、いつもお父さんに怒られている。

そして、私のせいでお父さんに怒られている。

私が迷惑をかけた。私が体弱いから。

私ができないから、お母さんはいつも大変そう。

ごめんね、お母さん。

だから私は、もうお母さんに迷惑をかけないように、これ以上困らせないように、私は生きていくんだという「がんばる教」。

そして、最初の質問で手を上げていただいた、幸せそうなお母さんの人もそうなんですけど。

あのお母さんの顔を曇らせたくない。私はいい子にしてて、私がいい成績とって、私がいろんなことできて、がんばればお母さんが笑顔になる。

よし、私はずっとがんばり続けよう。

これが、「がんばる教」に入ったもとなんです。

つまり、ここに集まっていただいた「がんばる教」のみなさん、ご本尊はおかんです。

ここに、早く気づいてください。

そして、あのお母さん、あなたが不幸だと思ってたお母さん。なんと実は顔だけが不幸だったということに、早く気づいて欲しいんです。

お母さんは大変だったけど、不幸ではなかった。そして、顔だけ不幸だったけど、実は幸せだったということ、ここに早く気づいて欲しいんですね。

もう一回いきますよ。

お母さんは幸せでした。あなたの。あの顔で。（笑）

だから今日僕がみなさんの人生を大逆転させる、まず一番効果があって一番あなたが怖い方法がひとつ。

親不孝をしてくださいということです。

自分ファーストの人生を

あなたは、今まで一生懸命お母さんを笑顔にするためにがんばってきた。

お母さんを困らせないためにがんばってきた。

お母さんの愚痴を聞きたくなくて、いつもいつも聞いて、お母さんが満足するようにずっとがんばってきたのに。あのお母さんはずっとあんな顔やねん。

私がこんなにがんばってもずっとあんな顔やねん。
ということは、顔あれやねん。
あなたががんばるとか、がんばらない関係なく、あの人はあの顔なんですよ。
あの顔で幸せなんです。

で、僕自身もそうやったんです。自分の母親がずっと不幸やと思ってたからね、一生懸命助けようと思って。

一生懸命助けようと思ってるのに、全然こっちの言うことも聞かへんからだんだん腹立ってくるやんか。

で、きつく当たったりもしてたんですけど。よくよく考えて。で、僕はある日から、そのしくみに気がついたから、あのお母さんを助けるのもうやめようと思って。

もう放っとこうと思って、放っておいたら何が起きたのか。

もうね、放っておくってね、どういうことかっていうたら、冷たくしてください。そしたら、お母さんはどうなったのか。

笑ってるんですよ。

あんだけ何しても笑わなかった人が、僕が冷たくし始めたら笑い始めた。

つまり、あの人が不幸なのと私の影響力、力、優しさ、能力は関係ないということなんですよ。

だから、あなたは今日から、つまりあなたは今までお母さんのことばっかり考えてきたということは、自分の人生を生きてなかったんですよ。

おかんの人生を生きてたんですよ。

つまり、自分軸ではなくて、おかん軸で人生を生きてた。

だから、自分の軸に戻ろうと思ったら、おかんを捨てて自分の人生。

つまり、自分ファーストの人生にこれから変えていかないと、なかなかここが切り離せない。

で、お母さんのことをかわいそうだと思ってる人生から、自分を優先する人生にいくには、ここにね深い、深い川が流れているんですよ。

宍道湖(しんじこ)ぐらい深い湖があるんですけど。

これをピョンと飛び越えないといけない。

これを飛び越えようと思ったら、この川のことをなんと言うかというと、罪悪感の川って言うんですよ。

罪悪感。

つまり、お母さんを捨ててこっちへ行くということは、罪を犯すぐらいの恐ろしいことなんです。

お母さんを悲しませる、お母さんを困らせる、お母さんを助けない。
そしたら、お母さんが泣くわ、叫ぶわ、冷たいわって、ワーワー言うわけよ。

それを振り切ってこっちへ行くとね、言わなくなる。

つまり、罪を犯す。
つまり、お母さんに優しくしないという罪を犯すと、罪が終わるんですよ。

で、こっちの世界へいるとね、どうせ私の力なんてないんだよとか。
どうせ、私のせいでお母さんは不幸なんでしょとか。またね、どうせ私なんか
というこの世界にどっぷり浸かったままなの。

これを早くピョコッと抜け出して自分ファーストに。
自分ファーストにするっていうことは、親不孝をするということと、自分を優

先していくっていうことなのね。

だから、今まで自分が何かやりたいと言ったときに、おかんファーストの世界にいると、自分がこのCDを買いたいって言ったときに、頭の中におかんが住んでるわけよ。

私はこのCDを買いたい。
おかんが絶対なんか言うわ。と思って買わないわけよ。
怪しいとかね。高いとか、なんかいろんなことおかんすぐ言うから。

だから、高い……。ですよね。やめておきます。
こうなるわけよ。

あかんで。買うんやで。(笑)
自分の気持ちにしたがって、買うんやで。

それから、私はこんなことやめた！　ピアノやめた……、ピアノ好きって、自分にずっと嘘をつき続けて、お母さんを喜ばせるためだけに今まで生きてきたの。

自分の財布の中身を増やそう！

そしたらね、そんなことやってたら、自分のやりたいこと、自分の好きなことをずっと横によけてくるから、自分の心の中がスカスカになってくんのよ。

そしたら何になるか。

自分の財布の中がスカスカになってくんねん。

だから自分のしたいこと、自分が好きなこと、自分がやりたいこと、これを、

つまり自分ファーストでやっていくと、自分がどんどんどんどん満たされてきて、自分が満たされたバロメーターが財布の満たされ度やねん。

だから、自分が自分のことを満たせば満たすほど、自分が自分のこと、自分の好きなこと。

だからね、損得で。おかんすぐ損得言うから。そんなんもと取れへんからあかんとか、損得言うから。

損得じゃなくて、自分が高くても好きなこと。

そういう自分の損得ではなくて好き嫌いでものごとを選んでいくと、自分の心の中ずっと満たされてくる。そしたら、そのバロメーターとして自分の収入がずっと変わってくるわけです。

だからね、自分を大事にしていくと、いいことばっかりあるわけです。

で、かつ、自分が今までダメだと思ってきたこと。おかんがダメだ、ダメだ言うから、こんなことしてはダメなんだ、こうしなければいけないんだ、こんなことしてはダメなんだ、こうしなければいけないんだと思って、ずっとやってきたこと。これをどんどんどんどん自分の気持ちと相談しながらやめていくんですよ。

そして、それをやめていったら何が起きるのか。

どんどんどんどん、わがままになっていくんですよ。

これをね、どんどんだから自分ファーストでもっとわがままになっていきましょうって言うとね、また言われるんですよ。

そんなんね、みんながね、世間のみんながわがままになったらむちゃくちゃになるわってよく言われる。関西弁やね。

そんなことしてたら世の中むちゃくちゃになるわって言うんですけど。

ここに集まってる人は、基本いい人なんですよ。
悪いやつここにいないんですよ。

そういうね、乱暴を働くとか、人に思いっきり迷惑をかけるとかいう酷いやつはいないんですよ。

だいたい、いい人出身でお母さん思いの人がここに今座ってるんです。

その人が、よし勇気を出して、人に迷惑をかけて、好きなことやっていくんだって言って、人にかける迷惑のことをなんというか。

ネコパンチって言います。（笑）

あなたがかけた人への迷惑なんかネコパンチです。
速いように見えるけど痛くない。（笑）

しかも、爪出してないねん、まだ。

だから、あなたはそのぐらいのことで、ちょっとネコパンチをして欲しいの。

あなたの半分は道端に落としてきた

で、かつ、今まで自分がこんなことをしてはダメだ、こうしなければいけない、こんなことをしてはダメだ、こうしなければいけないというね、正義の味方として生きてきたわけよ。

あなたが正義の味方として、生きてたら何が起きるのか。

正義の味方に必要なのは悪なんですよ、ショッカーなんです。

仮面ライダーが正義の味方として生きてて、ショッカーがいなかったらどうなるのか。

でっかいバッタなんですよ。（笑）

だから正義の味方は、悪ばっかり探して生きてるんですよ。

だからね、正義の味方いないほうがよくて。

じゃあ、あなたが正義の味方として生きてたら、じゃあ、あなたにとってのショッカー。

悪はどこにいるのかというと、だいたい家の中にいるんですよ。

つまり、あなたがダメだ、ダメだ。

今までの人生ね、生まれてから今までね、平均年齢、あっちょっと高い、43ぐらいかな。（笑）

今までの人生ずっと歩いてきた中で、おかんなりおとんなりから、あんなことしちゃダメ、これダメなんだ、こうしなさい。

ってこう、自分をずっと捨ててきたわけよ。

ずっと捨ててきて、このへんまで、今、43ぐらいまで来たときに、もう鮭の切り身の半身みたいになってるわけよ。

半分自分が道端に捨ててきたから、自分の半分ないわけよ。

これをね。資格とったり、なんかがんばったり、こうやっていろんなものをね、鮭の身に鯖の身くっつけてるみたいな変な生き物になってるわけよ。

だから何かが足りない、何かが足りない、こうなってるわけ。

この捨ててきたものがグーッと固められてニョキッと人の形になったのが、あなたの家にいるわけ。

つまり、あなたがタブー視してきて、私は絶対あんなことしないわ、あんなことしちゃダメよね、あんなことしないわ、あんなことしちゃダメよねっていう人間が家にいない？

それが、あなたにとっての神様なんですよ。
あなたが今から目指すべき人。

さあ、一応聞いておきましょう。
あなたにとっての神、かつショッカー、かつ、あなたから見てのダメ人間が家にいる方、どのぐらいいらっしゃいますか。
ごめん、手を上げにくいけど、ごめん。

家もしくは会社。もしくはね、だいたいね、親、パートナー、自分の子供、上司、部下、このへんにショッカーが集まってるねん。

だから今まで、それじゃダメだ、ダメだと思ってたやつが、あなたのこれからの人生の正解を握ってるわけですよ。

あの人みたいなことをすると人生が大逆転していく。

あの人みたいなことね。もう今そこで大きく首を振っておられる方もいらっしゃるけどね。

そこで、それをしていくと何が起きるのか。

あっ、こんなこと、あんなこと、そんなことしても大丈夫なんだっていうことに気がついていくんですよ。

親不孝をして、最低の人間になる

そしたらね、自分が恐怖に包まれてた世界から、大丈夫なんだっていうね、えも言えぬ安心の世界に入ってくるんですよ。

僕もね、ダメなことっていっぱいあったんですよ。

ダメなことといっぱいあったらね、人生の半分がダメだったら、人生の中でこっちへ行かへんわけよね。

行かれへん。行かれへん。だからちょっと足ついてもこうなるわけ。

それが今はもう堂々とこっちのほうへ行けるようになったのね。

だから、そんなふうにして、あなたの。だから、今日のひとつめは、まず親不孝をして、そして、嫌なあいつみたいなことをしましょうということ。

これをね、ちょっと今日からやってみて欲しい。

そしたら、あなたは立派な最低の人間になります。

そして、あなたが最低の人間になったと思ったら、実はそれが本当の自分だっていうことなんですよ。

あなたはあなたが思ってるより最低の人間なんですよ。

僕もそうなんですけど。あなたはあなたが思ってるより最低の人間なんで、早く諦めてください。

あなたは最低の人間にぜひ戻って欲しいなと思うんです。

そして、これがね、まずひとつめ。

本当の自分に戻って人生を大逆転させるためには、親不孝をして最低の人間になるということ。

2つになったわ。

親不孝して、最低の人間になる。

これがまずひとつ。

人間には2種類の人がいる

そして、僕ね、2年前にものすごいことを見つけたんです。

人間には2種類いる。そして、その人間には2種類いるのに、自分がその違うほうの人間になろうと思ってがんばってきた結果、人生今まで苦しかったっていうことに気がついたんですよ。

これね、ちょうど2年になるんですけど、ある日気がついたんです。ある日って何かっていうと、ある日じゃないんですけど、僕ね、今の奥さんと結婚してちょうど7年ぐらいになるんですけど。

僕にとってよくわからない生き物やったんですよ。よくわからないっていうのは、なんでそんなことするの。なんで。

普通こうするのになんでしないのってね、僕にとってね、理解不能な言動をよくする生き物がうちの奥さんやったんですよ。

だからね、自分にとって理解できないし、自分にとってはタブーなことをするし、時間を全然守らへんとかね、自分にとってはタブーなことをいっぱいするから、なんでかな？　なんでかな？　なんでかな？　と思って、ずーっと7年間観察し続けて、わかったんです。

この人、僕と違う生き物やったんですよ。

これね、今からいろんな話、していきますけど。

簡単に言うとね、違う生き物っていうのは、どれぐらい違うかっていうと、男と女ぐらい違う生き物。

これがね、性別を超えて、僕らのような生き物と、うちの奥さんみたいな生き物がいるっていうことに気がついたんです。

じゃあ、このうちの奥さんみたいな生き物をなんというのかっていう話なんですけど。

まず、みなさんに質問してみます。

ときどき意識が飛ぶ人！

意識が飛ぶっていうのは、人と話してて頭が真っ白になったり、シャッターがパシャッと下りたり、どこかへ行ってたり、真っ黒になったりっていう、よく意識が飛ぶ生き物と、飛ばない生き物がいるんです。

僕ね、飛ばないんですよ、全く飛ばないんですよ。

朝起きてから寝るときにキュッと蛇口締めるまで、ずっと意識飛ばないんですけど。

どうやらね、飛ぶ生き物は定期的に1日の間に何度も飛んでるらしい。

1日の間じゃない、1時間の間に何度も飛んでるらしい。

すでに飛んでる人もいると思うんですけど。（笑）

ちょっと一応聞いておきます。

こっちの人のことをね、一応便宜上、2年前はね、前者後者という形で表現してたんですけど、今はね、講演会用にちょっと名前を変えまして、こっちの人ね、そのまま飛ぶ族。

こっちはね、飛ばねぇ族というね。

だから、こっちの人フランスふうに言うとトブゾクみたいな、なんかそんな感じですね。（笑）

さあ、現時点でちょっと一応聞いておきます。

えっ私、飛ぶよと言う方どのぐらい、いらっしゃいますか？　ちょっと左右見ながら。おっ、こんなにいるよ。はい、ありがとうございます。

はい、僕の仲間、飛ばねえ？　よし、仲間だ。

でね、僕、これ2年間研究し続けてわかったんですけど。飛ぶ人と飛ばない人の割合、これね日本だけじゃなくて、どうやら世界共通やねん。

飛ぶ族は世界に35億いる。あと、5000万ぐらいいるかもしれない。（笑）
ちょっとこっちのほうが多い、どうやら。
だから飛ばない人から見たら、飛ぶって何？　っていう感じやんか。

飛ぶって何？　みたいな。
こっちからしたら、飛ばないって何？　みたいな。

で、学校の教育は、飛ばない人を作ろうとするわけよ。
飛ばない人っていうのは、わりとね、わりとなんでもできて、早くできて、ちゃんとできるねん。

だから学校の教育って、ちゃんと早く集中しなさい。

全部できるようになりなさい、平均的にね。

こっちの人たちは、平均的にわりとなんでもできるねん。

こっちの人たちは、天才的に何かビュッとできるけど、天才的に何かができなかったりするわけ。

だから、でも、学校の教育はこっちを一生懸命作るから、本当は意識飛んでて授業中もお花畑なのに、蝶々をピューッと追いかけてるのに、でも集中せなあかんと思って。

つまりこれね、言ってるんですけど、アプリを積んでるって。

飛ばないアプリを積んで、それを一生懸命動かしてる間は飛ばずにちゃんとできてるふうになるんですけど、ふうになるんですけど、アプリを動かして電池食うから飛ぶねん、結局。

だから、その自分がこっちの人がこっちになろうとしてると、ずっと苦しい。

こっちの人はね、飛ばない人はね、わりと天才型が多いから、こっちの人も、よしがんばったら天才みたいになれる思って、さらにこっちへ行くわけよ。

そしたら、どんどんどんどん自分らしさから離れていくわけね。

さあ、ということで。

あなたが自分が飛ぶ人なのか、飛ばない人なのかを、今からチェックリストがここに61個あるわけ。

これを今から言っていくので、自分がひとつでも当てはまったら飛ぶ。（笑）飛ぶ族だという疑いをぜひ持ってみてください。

だから今からですね、この61個の飛ぶ族の特徴を言っていきますので、これをね、今からコーナーの名前で言うと、えっ、そんな人いるのコーナーです。

えっ、そんな人いるの？

そんな人いるの？

じゃあ、いきます。

飛ぶ族の特徴。いくよ。

1番。冷蔵庫に変な物を冷やす。

携帯とか殺虫剤とか。

当たってる人はね、ちっちゃく手を上げて。

いくよ。冷蔵庫に変な物を冷やす。結構いるよね。

次、飛ぶ族。これもなぜ？

あのね、もう一回言っておくけどね、飛ばない人からみたら謎のことばっかりいっぱい言うからね。

2番、飛ぶ族。鳥に糞をよく落とされる。

僕ら落とされへんもんね。

3番。待ち合わせ場所をよかれと思って勝手に動いて怒られる。

(笑)

飛ぶ族。喋りながらだと、ご飯の味がわからない。

いっぱいおった。**もしくは、ご飯が食べられなくなる。**

次、飛ぶ族。電話をしながらメモが取れニャイ。

「あ～」でっかい声出たな。

次、飛ぶ族。料理のレシピをひとつずつ確認するので時間がかかる。

5分間クッキングを5分でできたことがない。

そうやろ。

うちの奥さんもそうなんですけど。よくクックパッドとかで料理レシピ見てるんですけど。

鍋に火をかける。鍋に火をかける。

水500CC。水500CC。昆布。昆布、昆布、昆布。

終わらへんやん。(笑)

はい、そんな人？

うわ～あ。

そんなん終わるはずないやんね。

僕らね、水かけて、５００、昆布。ずっといって、だいたい進むやんか、途中でちょこちょこ確認する程度やんな。

次、飛ぶ族。信じられないミスをよくやらかすが。が、奇跡のリカバリーもよくやらかす。（笑）

なんでそんなことやらかすのって思って見てたら、なんでそれが大丈夫になんの？　みたいな。

次、飛ぶ族。普通と言われることがよくできない。

あ〜、

次、飛ぶ族。コンロを3つ使えない。（笑）

すごい人おったよ。

残りの２つは鍋置き場だと思ってましたみたいな。（笑）

なるほど、なるほど。

次、飛ぶ族。何かに集中してるときは見えなくて聞こえないから、無視してしまってよく怒られる。

ね、聞いてるの？　とか言うてよく怒られる。

次、飛ぶ族。なんとなく質問する。

これ、なんとなく質問っていうのは何かって言うたらね、本当になんとなく会話の最中に、なんでこれ木でできてるの？　とか言うわけ。

でも、飛ばない我々は、なぜ木でできてるのかという質問を投げかけられたら、もうググってでも調べるやんか。（笑）。

なあ？　これが木で。なぜ鉄じゃなくて木なのかってググって調べたらなんらかの答えが出るわけやんか。

そしたらこれはね、鉄のほうがいいかもしれないけど、木のほうが温かみがあって、なになにらしいよって一生懸命読むわけやんか。

ところが、飛ぶ族は、なんで木でできてるの？　って言った瞬間に、もう終わってるねん。（笑）

だからずっと説明を、もう早く終わらへんかなって思って聞いてるわけやん。

よしゃいいのに、それいつぐらいから、また追加のどうでもいい質問するから、そしたらまたこっちも、それはね、昭和のね、38年ぐらいらしいよ。

諸説ありって書いてあるわみたいに、一生懸命答えてるのに、もう、あ〜って言ってるねん。

酷くない？　ところが今度この答える側が飛ぶ族の場合。

なんでこれ木でできてるのかな？
木がいいからじゃないかな。（笑）
だんだんわかってきたやろ、ね。へへへへ。

次。飛ぶ族。よく食べこぼす。

うわっ、いっぱい手が上がる。

飛ぶ族。ボーッとできる。

でも、異世界でいったときには、異世界でなんかいろいろなこと考えてますとかって言うの。
僕らね、温泉入ってても、ビーチいてもね、ボーッとできずにいろんなこと考えてんの。
だから、飛ぶ族の人にボーッとできていいよねって言うたら、飛ぶ族の人がね、ボーッとできていいんですけど、ボーッとしたくないときもボーッとしちゃ

うんですけど。（笑）

ああ、こっちでいいです。こっちでいいです。

次、飛ぶ族。エレベーター下を押したのに上に上がったりする。上に上がる。

うわっ、切れる。何してるの。いや、切れた。謎。

次、飛ぶ族。包丁の刃のところに指をあててたら指が切れた。

次、飛ぶ族。これね、共通点多い。飛ぶ族の共通点。体に謎の痣がある。アハハハハハ。

謎の痣があるらしい。僕らないもんね。まぁまぁもしかしたら、女子あるあるなのかもしれないけど、僕らないもん。

次、飛ぶ族。よく笑われたり、失笑されるけれども、意味がよくわからない。なあ。

次、飛ぶ族。よく怒られるけれども、何に怒られているかよくわからない。

次、飛ぶ族。飛ぶ族の特徴もう1個。よくわからないからすぐこう言うねん。

ねえ、怒ってる？（笑）

飛ぶ族の人よく覚えておいてください。

怒ってるから。（笑）この人怒ってるから。

でも、飛ばない人はね、またさらにたち悪いねん。怒ってないもんって言うねん。そしたら、さらに混乱するねん。怒ってるように見えるのに怒ってないってどういうこと、何があったのってわからへんねん。

結局わからないまま終わるねん。だからね、ねえ、怒ってる？　って聞くの無駄やからね、怒ってるからね。怒ってるからね。

次、飛ぶ族。人の言葉をよく真に受ける。

真に受けてバカにされる。言い方換えると、嫌みが通じない。

あ〜。

飛ぶ族。飛ばない人はね、ストレートにもの言わへん。飛ばない人はね。

これもつい最近知った、衝撃の事実なんやけど。

飛ばない人はね、間に合わないよって言うねん。

飛ぶ族は間に合わないんだって思うねん。

でも、飛ばない人は何が言いたかったのか、早くしようよって言いたいねん。

間に合わない。ああ、間に合わないんだ。

間に合わないんだって言ったあとに、ねえ、間に合わないって言ったよね。

間に合わないんだよね。早くしようよ。

早くするっていうことだったのみたいな。

だからね、使ってる言語が違うねん。

違うねん、違うねん。もう違う国やからね、これね。

次、飛ぶ族。宇宙と通信している。

放っとけば、すぐに意識が飛ぶ。

次、飛ぶ族。ブラのカップが背中にきていたことがある。

いる？　お葬式のときに順番に正座して並んでたら、斜め前のお姉さんがね、なんか背中ボコッとなってるから、何？　何？　って聞いたら。

え〜え〜え〜！　ってなってた。

次、飛ぶ族。お風呂のシャワーや洗顔のときに溺れそうになる。

ジャーッ。

あっあっあ〜。

横によければいいのに、それに気づかない。

洗顔中に小指が鼻に入ることがある。目測を誤るねんね。

次、飛ぶ族。ワンピースのチャックが全開だったことがある。

28番。電車の降りる駅をよく乗り過ごす。

乗り過ごして、向こう行って帰ってくるときにまた乗り過ごすねん。

いつまでも着かへん。

次、飛ぶ族。曖昧な待ち合わせの目印でもなんとなく見つける。

よくそんな目印を見つけたね。

次、飛ぶ族。これもね、ものすごい特徴があんねん。気がつけば4時。（笑）

ねえ、今日何してたの？

今日は。何時に起きたの？　うーん、8時ぐらいかな。

何してたの？

4時。みたいな。

なぜか、3時でもなく5時でもなく4時らしい。

なぜ4時なんだろうね？

次、飛ぶ族。9時に家を出るのに気がつけば9時。7時ぐらいから、よし、今日は9時に出るぞ、9時に出るぞ、9時に出るぞ。あっ、9時だ。何も用意してない、どうしよう私、みたいな。

次、飛ぶ族。洗顔フォームで歯を磨く。磨いたことがある。

次、飛ぶ族。お米を炊くときの水の量が曖昧。毎回できが違う。

次、飛ぶ族。これも共通点多い。飛ぶ族、味見をしない。

はい、味見をしない人？

お～。

なんで味見しないのって聞いたら、いつするの？　って。（笑）

レシピに味見をするタイミング書いてないし、みたいな。

ああ～、おっしゃるとおりだな。

最後、強者。

だって、味見をしなくても同じ味になるようにレシピってあるんじゃないの？

あっ、おっしゃるとおりだな。

飛ぶ族。雑炊を作るときに具はそのまま入ったまま、犬のご飯みたいになる。

（笑）

飛ばない人は、具を外に出して綺麗な出汁だけにしてからご飯入れるのよね。

飛ぶ族は、もう魚とかフグとかカニとか入ったそこに、がさっとご飯入れてぐしゃぐしゃにするねん。はい。

飛ぶ族。これがまた面白い。結構な共通点。死んだふりをして夫を迎えたことがある。（笑）

家で。はい、したことある人？　あるんかい。（笑）
おるのよ、これが結構な確率で。

飛ぶ族。エレベーターで閉まるボタンを押してよく人を挟む。（笑）
よかれと思って開くボタン押すねんけど、ガーッて。
すみません、すみません、まだ押してる、すみません。

飛ぶ族。電柱によくぶつかる。
飛ぶ族。飛ぶ族は冬場気をつけてね。冬場にコートを脱いだらスカートをはいていなかった。（笑）

飛ぶ族。なんでそうするの、なぜこうしないの？ お願いだから何もしなくていいから、言われたことだけやってとかってよく怒られる。

あーなんや。

次、飛ぶ族。やり方はわからないけれども、答えだけ先に思いつく。

それが、結構突飛な答えで周りがざわつく。この問題どうしよう。こうしたらいいんじゃないかな。そんなんできるわけないやん。よう考えろ、そんなんできるわけないやんか。そうなのかな。やってみようかな。できました。なんでできるの？

次、飛ぶ族。入れないはずの店になぜか入れる。会えないはずの人になぜか会える。 注文してない料理が出てくる。（笑）

注文してないっていうか、メニューにない料理が出てくる。

次、飛ぶ族。ここまで聞いてても自分が飛ぶ族かどうかよくわからない。飛ぶ族やからね。ここまでわからない人は飛ぶ族やからね。

次、飛ぶ族。説明をされてもあまり聞いていないので、いざやれと言われたとき何もできない。

そこ、２人危ないな。


次、飛ぶ族。蓋をしてないジュースを振って大惨事になったことがある。

飛ぶ族。放っておいたらスイッチが切れるオートスリープ機能付き。人生の中で空白の時間が結構ある。

次、飛ぶ族。飛ばない族が怖い。よく怒られる。

飛ぶ族。ハプニングや伝説の多い人生。

飛ぶ族。お風呂で頭を洗ったかどうかをよく忘れる。（笑）

結構おるな〜。だから結果的に何度も洗って、よし！　と思ってお風呂上がって頭拭いてたら泡が立つ。
あ、すすいでなかった。
どうやねん、これと。

次、飛ぶ族。出かけるときに食器を洗い出す。
飛ぶ族。お化粧しようと思って洗面台に立ったらお化粧が終わっていた。

え？

どんだけ意識飛んでるねん。
ねえ、いい感じにしといてって言われたらすごい困る。要は、常識にとらわれない人たちだね。

次、飛ぶ族。今日の会場がよくわからなかった。
飛ぶ族。ここまで聞いてて、飛ぶ族の話を聞いてるはずなのに、心屋の靴がな

ぜ光ってるかばかりが気になる。（笑）

ちゃんと聞くようにな。ちゃんと聞くようにね。ちゃんと聞くようにね。そんな人多いのよ。

次、話してる人の眉毛ばっかりずっと見ている。肌綺麗だなとか、なんかずっとね、そんなんばっかりずっと見てる。

次、飛ぶ族。基本お花畑。先のことはあまり考えないというか、考えられない。

飛ぶ族。ネジ飛んでるよねって、言われたことがある。

飛ぶ族。酔っ払いみたいだよねって言われることがある。

ここまでが飛ぶ族の特徴やねん。

飛ぶ族は、飛ぶ族のままでいい

はい。

もう一度聞いてみましょう。

はい、飛ぶ族〜。

増えたな。増えたね。

ちょっと左右見ておいて。君、飛ぶ族だったの？　みたいな。

はい、ＯＫ。

ちょっと待ってよ。ほとんどちゃうの？　不安になってきた。

飛ばない人？　飛ばない人、僕の仲間。

減ったな。減ったな、やっぱり。

ありがとうございます。

で、あのね、やっぱりね、心屋の講演会には飛ぶ族がいっぱい来るのよ。

なぜかというと、そんな自分っていうのは、学校で教えられた標準と言われる人からちょっと外れてるわけやんか。

だから、なにと言われるのか言うたら、自分っておかしいんだろうかって言われるわけ。

毎日毎日、なんでできないの？　なんでこうしないの？　なんでできないの？

ずっと言われ続けて、そしたらね、だんだん思い始めるの。

私って変じゃないかな？

私って脳の病気じゃないかな？

私ってＡＤＨＤじゃないかな？

ってまた言い始めるわけ。

違うねん。

ここからよく聞いておいて。
飛ぶ族は飛ぶ族やねん！（笑）

変でも、ちょっと変やけどね。

変でもなんでもないねん。飛ぶ族やねん。

だから飛ぶ族の特徴なんで。こっちから見たらちょっと違うだけやねん。

でもね、こっち中心の社会がもしできたら、こいつらくそ真面目な面白くないやつらやねん。

細かくて、ちょこちょこちょこちょこちょこチェックして。

っていう、この違いに早く気づいたほうがいい。

でも、世の中はね、こっちが作ってるねん。ちゃんとする人たちが。だから、それに合わない人たちはこっちの四角い狭い世界。

飛ばない人は、箱狭いねん。過去の常識という狭い箱の中で生きてるから、そこに一緒に飛ぶ族って自由な獣をここの中に入れようとするわけ。そしたら、入らへんねん、暴れるねん。

うわっ、鎖でつながなあかんって、こうなるわけ。違うから。

もう一回いくで。飛ぶ族は飛ぶ族やねん。

変じゃないねん。

そこを早く自分が納得して。

そうか、私はこんなふうにならなくていいんだ、っていうことに納得できたときに、自分の人生が始まんねん。

今まで飛ばない人の人生を生きようとしてた。

なのに、飛ぶねん。飛ぶもんは飛ぶ。どうせ飛ぶなら高く飛んで欲しい。

今うまいこと言うたやろ。

（拍手）

自分のパートナー、自分の上司、部下、子供、隣にいるこの人が一体どっちなのかを、これをわかっていったら、時間どおり来ない。

あっ、飛ぶ族だもんねと。

今起きた。

今起きたんだね。飛ぶ族だもんね。

それ以上でもそれ以下でもないねん。だって飛ぶんやもん、仕方ないやん。ここでね、もうね、諦めないといけないねん。

わかった？

飛ばない族の特徴

じゃあ、一応念のためね。

飛ばない族の特徴。こっちの人ね、10個ぐらいしかないねん。（笑）

まぁ、一応言うておくけど。

この飛ぶ族の人ってね、よくね、自分のことをポンコツとかって言ったりするわけ。

でね、ポンコツだし、この人たちみたいに思うようにできないし、気がつけば4時だし。

自分が自分で思うように動けないことがいっぱいあるから、自分のことを嫌になったりする人多いんやけど。

これもね、ちょっと最近見つけた概念なんですけど。僕、右利きなんですけど。

右利きの僕からしたら左手で何かするのってうまくいかへんわけよ。

ところが、靴紐結ぶのに左手がなかったら結ばれへんねん。

つまり、この人たちはね、左手の人たちは、役に立たないとか、ポンコツとか、思うようにいかないとかって自分のことを責めたりするねんけど。

この人がいなかったら、左手がいなかったらね、右手洗えないし、水もすくえないねん。

だからね、ポンコツだ、ポンコツだと言いながら、この人ね。

つまり、飛ばない人と飛ぶ人がいないと世の中成り立たないねん。

そういうね、ちょっと今いいことも言ってみたんですけど。

さあ、次。

飛ばない族。飛ばない族の特徴。

はい、飛ばない族。

飛ばない人？　いっぱいおるね。よしよしまだおるね。大丈夫やね。こっちいったらあかんで。

一番、段取り命。段取り命やねん。

段取り命っていうのはね、たぶん旅行するにも、たぶんここに来るにも、いろんなね、飛ばない人はね、いろんな段取り考えてるねん。

だいたいね、じゃあ、10時に車回すからねって言ったとしたらね、飛ばない人はね、10時に回すからねって言ったら、9時55分に回すわけよ。

でも、9時55分に回します。待ってます。

でも、まあまああ10時前だから仕方ないわね、待ってます。

10時になりました。当然、飛ぶ族下りてきません。（笑）

着いたよって、メールします。

読みません。まあまあ、飛ぶ族だからねと思って待ってます。

着いたよって、また送ります。読みません。

しばらくしてピッと既読つきました。ねえ、着いてるよ。

あっ、じゃあ、もうすぐ下りる。

そば屋の出前、ここからね。もうすぐ下りると。待ちます。出ません。もうすぐ下ります。

だから、かれこれ15分ぐらい僕待ってます。

15分プラス5分早く来てるから、もう20分待ってます。（笑）ごめ～んとかって言いながら下りてきます。

じゃあ、なんで飛ばない人はそんなんなのかって言うとね、10時に出て、あそこまで5分かかって、車乗るまで5分かかって、そこからもしかしたら渋滞あったら困るからちょっと余裕を見て、30分かかって、次のパーキングで、ここで15分休憩して、その頃にはちょうどここで。

このぐらいで、ここパーキング抜けておかないと、この先渋滞するからと思って10時に設定してるわけ。

もう20分遅れてるわけ。

20分遅れながら、こっちとしては、ちょっと待って、このまま行ったら渋滞はまるやんか、渋滞はまるやんか、はまるやんか。

はまれへんやんか。

だいたいはまれへんねん。だいたい飛ぶ族の言った時間どおり進むねん。なんで自分はこんなに急いでたんやろうっていう、それがまた腹立たしくないですか？

腹立たしいわけよ。その自分に腹が立つ。くそ、こっちがあんだけ段取り考えてやったのに、なんで、あ～ってなるねん。はい。

要は、飛ばない人の考えた段取りを、飛ぶ族はガシャガシャに壊します。

でも、それで大丈夫なんだという世界を教えてくれるわけよ。

それが悔しい。

次、飛ばない人。人生でそんなに面白いエピソードがない。わりと普通。普通に淡々と真面目に生きてきた。

飛ぶ族。※常に頭の中に質問や疑問がいっぱいある。なんでこうなのかな、なんでこうなのかな、なんでこれ。

飛ぶ族。※砂浜やビーチにいても何かずっと考えている。忙しい頭の中は常に。

次、飛ばない族のこれが一番の特徴。喫茶店とかで喋りながら周りの話を全部聞いている。（笑）

飛ばない族。飛ばない人。聞いてるやろう？　ずっとね、目の前の人と喋りながらね、こっちで気になる話始めたら、もう耳そっちやねん。

こっちの話聞きながら、またこっちもね、さらに気になる話してるから、こっ

※正しくは、飛ぶ族→飛ばない族、飛ばない人

ちも耳聞いてるねん。ずっといきながらね、でもあの俳優ってね、なになにさん、違う違う違うって、こう入れるねん。

周り聞きすぎて目の前の人、あ、ごめん、なんて言ったって。集中できへんねん。

飛ばない族。がんばらなくても意識は特に飛ばない。

だから、飛ぶ族っていうのは、銭湯のシャワーみたいなもんで。ポンと押したらシャワー出るやんか。頭洗ってる間にピッと止まるやんか。

そしたら、また押すやんか。これをずっとしてるねん。でも僕らはね、キュッとひねったらシャーッとシャワー出るねん。

夜寝るときキュッと締めるまで、ずっと出続けてんのよ。

次、飛ばない人。ここまで言った飛ぶ族の言動がよくわからない。

なんでそんなことになるの？　っていうね。

次、飛ばない人の特徴。この話をすぐ理解した。

ああ、飛ぶ族ね。飛ばない人ね、ＯＫ、ＯＫみたいな。

次、飛ばない人。飛ばねぇ族。常にリスクを想定している。

もしもこういうことがあった場合はこれをして、それが起らなかった場合はこれを用意しておいて、でも、そういう場合にもしかしたらこれが起きるかもしれないから、その場合にこれを用意しておいたらこうなるかもしれない。

安全ネットを張り巡らしてるわけね。

だいたい全部使わへんねん。だから、荷物が多い。あ〜。

次、飛ばない人。寝るときに初めてスイッチがオフ。

そして、最後。たくさんのことを同時にできる。音楽を聴きながら、料理しながら、電話しながら、洗濯物たたみながら、洗濯しながら、ずっとね、いろんなことを一気にできるのね。

そんな感じで飛ばない人と飛ぶ人は、生き物としても違うから。

だからもう一回言います。

飛ぶ人は飛ぼう。

なぜかというと、飛ばないように努力しても飛ぶわけやんか。

じゃあ、もう飛ぼう。

飛ばない人。

だからね。飛ばない人はわりと理論派で、細かいことがわりとできる人なのね。

だから、飛ぶ族の社長なんかいる会社なんか面白いわけよ。

飛ぶ族の社長の会社は、どうしたらええかわからへんけど、やりたいことだけあるわけよ。

私、これやりたいって言うわけやんか。
飛ばない人から見たら、そんなんできるはずないじゃないですか。
でも、やりたいとまた言うわけよ。

そんなんできない。
でもやりたい。

じゃあ、わかりました。

やります、やります、やります、やります、できました。

ほら、できるじゃないの、ってこうなるわけやん。そしたらね、この飛ばない人の過去に包まれた過去の経験と常識に包まれた世界を飛ぶ人がグワッと壊していくわけ。
そしたら、世界がブワッと広がるわけよね。

かつ、リスクを想定するというのは、僕らはね、ステージ立ってても、あっ、ここの板が弱ってる、危ないぞと思ったらね、誰かが通ったとき落ちたら困ると思うから、ちょっと事前に板張ったりして防御してるわけ。

その一生懸命、工事してる最中に飛ぶ人がね、ガンガンガンガンガンって歩くわけよ。

わぁ、あ〜、大丈夫やった。なんでなんだろう。

本人はガンガンガン、どうしたの？　って、ガンガンガンってまた行くわけ。

なんかね、いろいろ羨ましいもんね。

ということで、わかった？

ということで、飛ぶ人は飛ぼう。飛ばない人は飛ばない。

その世界が理解できないっていうのは、飛ぶ人って長嶋さんみたいって、ちょっと想像してもらっていい。

これはどうしたらいいんですか？

だから、天才的な結果を出してる人やんか。

自分は飛ばない人だとしたら、長嶋さんみたいになろうと思ったら、もっとがんばればなれるんだって、飛ばない人もがんばるわけよ。

でも、長嶋さんが教えるのよ。

来たボールを打つんですよ。みたいな。

え、どうやって打つんですか？

立つでしょ、構えるでしょ、球来るでしょ、止まるでしょ、カーン打つんです。

止まらない。

え、止まらないの？　どうして？

ほら、止まった、ほら、こう。みたいな。

わからへん。

だから、この人は普通でやってってできるんやから、こんな天才を追っかけたらあかんねん。残念ながら。


そして、この人が無茶言うことを助けるのが仕事。

そして、この人は、助けてくれる人たちにものすごい感謝。

だから、つまりお互い迷惑をかけないように生きるんじゃなくて、お互い迷惑をかけながら、助け合いながら生きる社会になればいいなと僕は思ってます。

だからね、
飛ぶ人はもっと迷惑をかけてください。

お手柔らかによろしくお願いします。

第2部

魔法の言葉

CD 2

魔法の言葉

さあ、そんな感じでね。

あのー、つまり、ひとつめが、すっかり忘れていると思いますけど、ひとつめが、親不孝をしましょう。

そして、２つめ、飛ぶ人は飛ぶ。飛ばない人は飛ばない。

それを理解しましょうということね。

そして、3つめ。ここからが体感型のセミナーになってくるんですよ。

急にここからね、体育会系のセミナーになります。

つまり、今から声を出していく。

声を出していくぞ、オー！　みたいな、そんなセミナーになります。

何の声を出すのかというと、これもね、**本当の自分を知っていくということをやります**。

本当の自分を知るためにお母さんに冷たくする。

そして、本当の自分を知るために飛ぶ。

そして、本当の自分を知るために今から声に出すということをやっていきます。

何をするのかというと、僕がね、うん？　3年ぐらい前にテレビ出てたんですよ。

それ見たことある人って、どのぐらいいらっしゃいますか？

すごい。

テレビの普及率が高いね。ウフフ。（笑）

そのときにテレビでタレントさんに悩み相談をしてもらって、僕がその人にこんな台詞を言ってみてくださいという「魔法の言葉」というのを投げかけたんですよ。

そしたら、そのタレントさんがその魔法の言葉が言えずに苦笑い(にがわら)したり、突然笑い出したり、ワーッとものすごく泣いたりする場面がいっぱいテレビで流れたんですよね。

それで僕のことを知ってくれた人もたくさんいると思うんですけど。

そしたらね、やっぱりね、あれはやらせだとか。

テレビのショーだとか、いろんなことを……言われました。

まあまあ、そんな部分もきっとあるんですけれども、編集という作業があるのでね。

講演会を全国、回り始めたときに、じゃあ、これはみんなに体験してもらおうと思ったんですよ。

あの魔法の言葉っていうのはね、見てても聞いてても見てて聞いてただけでショックを受けた方もたぶんいらっしゃると思うんですけど。

あれは、見ても聞いても反応があるけれども。

何より自分が口に出したときに初めてわかるものがいっぱいある。

それは自分の体、心という本心があって、それを自分の頭というおかんが。

これ、おかん、おかんやからね。

その自分の本当の気持ち、本当の心という本心をおかんがギュッと押さえつけてるわけよ。それを、その「魔法の言葉」を口に出すことによって、おかんがブワーッ外れるわけよ。

そしたらね、自分の体が先にね。

だから、魔法の言葉が当たったときっていうのは、2種類の反応が出るわけ。

ひとつめがね、たとえば、じゃあ、あなたに魔法の言葉、バナナが食べたいって言ってみてください。

だいたいね、カウンセリングしてたら、この人がどこにブロックがあって、どの魔法の言葉がいいのかなってだいたい5分ぐらいでわかるので。

だから5分ぐらいでわかるからってこの人たちみんなやってたら、僕、帰られへんからやらないですけど。

だから、この人はじゃあ、バナナがキーワードだなと思ったら、バナナが食べたいって言ってみてくださいって、こう言うんですよ。

そしたらね、この人がね、バナナが食べたいって何を言われているのかよくわからへんやんか。

バナナが食べたい？　あーわかりました。バナナが。バナナが食べたい私……。って、グワーッと笑い出すわけ。

どうしたんですか？

いや、私こん〜なにバナナ食べたかったんだと思って。

バナナ好きなのよってね。じゃあ、なんで食べなかったの？　って聞いたら、いや、だってバナナ食べたら、なんか病気のときしかだめだって言われたから、いろんなトラウマが一緒に出てくるわけ。

これがまず。つまり、「魔法の言葉」が当たったときっていうのは、体がブワーッと笑うの。

2つめ、バナナが食べたいって言ってみてください。

バナ、バ、ババナナが食べたい。

ここからね、宍道湖のシジミがボロボロボロ出てくるんです。

で、何かって言うたら、そのバナナを食べようとしたときに、弟にあげなさい、バンと叩かれたとか。

私がバナナ食べてはいけないなと思ってグーッと我慢して生きてきたことを体が教えてくれたとかいうことがよくあるんですよ。

それが人ね、ここに1500人いたら、1500通りのストーリーがあるので、それをひとつずつ聞いていったら僕は本当に帰れないので。

じゃあ、一斉にやろうじゃないかということで、講演会を回り始めたときに、過去に出てきた「魔法の言葉」をまとめてみたら310個あったんです。

で、それをね、講演会でみんなで言っていったんです。そしたら、途中から僕ね、歌を歌い始めたんですよ。そしたら、時間足りなくなったんですよ。（笑）

210個に減らしました。

で、210個減らして、残りの100個にメロディーをのせて歌にしたわけ。

すごくねえ？　ごめん、ごめん。

ということで、今から210個の「魔法の言葉」をみんなで言うから。

声に出すんやで。

ということで今から急に声。急に声に出そうと思っても、ちょっと大変だと思いますので、発声練習をしていきます。

ううん。

あっ、ううん。

島根はいいところだな。（島根はいいところだな）

そうそうそう、魔法の言葉っていうのはね、英語で言うとリピートアフターミーと言います。

Repeat after me.

そう。つまり僕が言った台詞をそのまま返してください。そしたらね、当たりますので。

いくよ。

島根はシジミがおいしいな。（島根はシジミがおいしいな）

スターバックス一軒だけだったな。（スターバックス一軒だけだったな）

違うのかな、ごめん、ごめん。へへへへへ。

タリーズのほうがおいしいな。（タリーズのほうがおいしいな）

よく言えました、ね。

さあ、そんな感じで、今から魔法の言葉を210個言っていきますので、僕のあとについてきてください。

「魔法の言葉」っていうのは、足つぼマッサージと一緒で。こんな光ってるのあまり見たらあかんねんで。足つぼマッサージと一緒で、ずっと押してもらってる最中。ああ、気持ちいいわ、気持ちいいわ、気持ちいいわ、痛っ！　って、急に痛いとこ来るじゃないですか。

あれは、押してる人がギューッとそこだけ押したんじゃなくて、自分の弱いところに当たった。

だからね、ずーっと口に出してみると自分の弱いところに当たるのでぜひ楽しみにしてください。

まずは、劣等感

さあ、魔法の言葉っていうのは大きく分けて6種類に分かれます。6種類。**ひとつめの魔法の言葉が、劣等感という魔法の言葉です。**

劣等感。劣等感っていうのは何かっていうと、自分が恥ずかしいと思って人に知られたくないところっていうことね。

たとえば、じゃあ僕はおへそがすごい出てるとしましょう。7センチぐらいのおへそが出てると。（笑）そしたらね、また知られたら恥ずかしいから、隠して生きるわけよ。

そしたら、隠して生きてるとね、こんな生き方になるわけよ。

何するにしても。こうやって生きながら、生きにくいな、生きにくいな、誰も私の素晴らしいとこわかってくれないなと言うわけよ。

私ね、おへそを隠してたら、自分のいいとこまで一緒に隠してしまうねん。

だから、自分のいいとこを出そうと思ったら、自分のおへそをガッと、こう変質者並にガバッと出す。

そしたらね、いいとこも一緒にブワッと出るわけ。

だからね、今からみなさんの劣等感をあぶり出しましょうということね。

じゃあ、いきます。

私、本当は役立たずなんです。（私、本当は役立たずなんです）

私の話は、面白くないんです。（私の話は、面白くないんです）

私、人間として魅力がないんです。（私、人間として魅力がないんです）

私、友達が少ないんです。（私、友達が少ないんです）

知ってる。（笑）

私、女として魅力がないんです。（私、女として魅力がないんです）

あっ、すみません。

最前列の方、あの～たまたまですので、今。

あなたを見て、私、友達が少ないんですって言ったわけじゃないので。順番先ありきなんでね。

たまたま当たっただけなんでね。

でもこれがね、もろあたりしてたらザワザワするよね。

じゃあ、いくよ。

私、実は嘘つきなんです。（私、実は嘘つきなんです）

私、実は顔がでかいんです。（私、実は顔がでかいんです）

実は私、足が臭いんです。（実は私、足が臭いんです）

実は私、体が臭いんです。（実は私、体が臭いんです）

実は私、毛深いんです。（実は私、毛深いんです）

実は私、背中にたてがみが生えているんです。（実は私、背中にたてがみが生えているんです）

何度も言います、たまたまやからね。（笑）

私いつも選ばれないんです。（私いつも選ばれないんです）

実は私、嫌われ者なんです。（実は私、嫌われ者なんです）

実は私、うつなんです。（実は私、うつなんです）

実は私、エロいんです。（実は私、エロいんです）

この子にあたってしもた。ごめん、ごめん。

実は私、エロいことばっかり考えているんです。（実は私、エロいことばっかり考えているんです）

なんならエロいことしか考えてないんです。（なんならエロいことしか考えてないんです）

実は私、ケチなんです。（実は私、ケチなんです）

実は私、男運が悪いんです。（実は私、男運が悪いんです）

実は私、カツラなんです。（実は私、カツラなんです）

こんな感じ。

だいぶはしょりましたけど、この劣等感ね。実は一番もともと多かったんですけど、きりがないのでやめまして。

この劣等感っていうのは、最後に出ましたけど、カツラと一緒で、本当にごめん、本当にいらっしゃったらごめんね。

先謝っておく、ごめんなさい。だいたいわかるじゃないですか、カツラの人って。でも、その人がわかるけど隠しておられたら、みんな誰もそこにふれようとはしないじゃないですか。逆に目線をそらすぐらいでね。

その人が心屋の講演会来て、よし、そうか。自分の劣等感を出してしまおうと

思って、朝礼でみんなの前で、僕はカツラでしたって取ったとするやんか。そしたらみんな。（笑）

～驚いた表情～

いや、いい……いい……いと思います……みたいな。

つまり、知られてないと思ってるのはあなただけ。みんな知ってーる。

幼少期の心の叫び

次の魔法の言葉は、幼少期の心の叫びということなんですけど。
幼少期の心の叫び。

えっとー。

みなさん、今そうなっちゃったけど、幼少期あったやん。面影ぐらいは残ってると思う。

いろんなもん下がったり、引力にいろいろ負けてきてるやんか。

横の重力とかいろいろ負けてきてると思うんですけど。

小さな頃、あれしたい、これやめたい、あれしたい、これ好き、これ嫌いっていうの、本当は言いたいことがいっぱいあったはずなんだけれど。

あのおかんが怒るし、かわいそうな顔するから、私もっとカレー食べた……

あー、お寿司が好きみたいなね。

本当の自分の気持ちを言わなかったわけ。

そしたらね、言いたい言葉をだっさない、だっさない、だっさないってしてたら、言葉ってやっぱり小っちゃな粒でできてるので、だっさないってなって。

ずっと飲み続けた、お腹にたまってきて40過ぎたあたりから下腹から出てくる

わけよ。

だから、それ出てるのは、言いたいことがここにたまってるわけ。だからここパクッと割ったら、ブワッと言いたいこと、言葉が出てくるかもしれへん。

すみません、ちょっと照明を落として……もらっていいですか。

〜会場の照明が落ちる〜

はい、ありがとうございます。

あのね、この言葉のときはいつも照明落としてて。

なぜかと言うと、この言いたかった言葉を今からみんなで一斉に言いましょうなんだけど。

でも、隣の人が気になって、それから、前後の人が気になって。ちょっとね、せっかく私はバナナが食べたいっていう言葉をね、やっぱり隣が気になってグッと飲み込んでしまう人がいっぱいおるわけよ。

今日のでかいからね。
だからグッと飲み込んだら、下腹ボン出るねん。

そしたら、前の席にガン当たるやんか。（笑）

それ非常に迷惑なので、ガン蹴ってるのと一緒やからね。

だから今日はもうね、周り暗くしたから、あなたが言えなかった言葉を口から
ゲロッと出して欲しいわけ。
あとは掃除しておくからね。

で、こうやって暗くしておいたら、ちょっと気にならへん。涙流そうが、よだれ垂らそうが、わからへんやんか。これを配慮と言いますね。

ということで今から幼少期に言いたかった言葉を叫んでみようじゃないか。

あれから40年。

いくよ。

やりたくないよ。（やりたくないよ）

できないよ。（できないよ）

助けて。（助けて）

やめて。（やめて）

許せない。（許せない）

謝れ。（謝れ）

なんでわかってくれないの。（なんでわかってくれないの）

もっと大事にしてよ。（もっと大事にしてよ）

私、女の子だよ。（私、女の子だよ）

怖いよ。（怖いよ）

嘘ついてごめんなさい。（嘘ついてごめんなさい）

役に立たなくてごめんなさい。（役に立たなくてごめんなさい）

悲しませてごめんなさい。（悲しませてごめんなさい）

私いじめられてたの。（私いじめられてたの）

怒鳴らないで。（怒鳴らないで）

叩かないで。（叩かないで）

私悪くない。（私悪くない）

お母さんなんで置いていったの。（お母さんなんで置いていったの）

お母さんに会いたい。（お母さんに会いたい）

ずっと一緒にいて。（ずっと一緒にいて）

私のことも連れて行って欲しい。（私のことも連れて行って欲しい）

ねえ、早く帰ってきて。（ねえ、早く帰ってきて）

ずるい。（ずるい）

自分でやってよ。（自分でやってよ）

ずっと我慢してたんだよ。（ずっと我慢してたんだよ）

認めてよ。（認めてよ）

私も甘えたいよ。（私も甘えたいよ）

本当だから信じて欲しい。（本当だから信じて欲しい）

普通の家がよかった。（普通の家がよかった）

ねえ、みんなでご飯食べよう。（ねえ、みんなでご飯食べよう）

ねえ、かわいいねって言って。（ねえ、かわいいねって言って）

ねえ、こっち向いて。（ねえ、こっち向いて）

ねえ、お母さん笑って。（ねえ、お母さん笑って）

お母さん抱っこして。（お母さん抱っこして）

私のことだけ見て欲しい。（私のことだけ見て欲しい）

お父さん、お母さん仲良くして欲しい。（お父さん、お母さん仲良くして欲しい）

お母さん大嫌い。（お母さん大嫌い）

クソばばあ。（クソばばあ）

うるさい。（うるさい）

好きにさせろ。（好きにさせろ）

信用しろ。（信用しろ）

子供扱いするな。（子供扱いするな）

お父さん大嫌い。（お父さん大嫌い）

お父さん大好き。（お父さん大好き）

お母さん大好き。（お母さん大好き）

一人は寂しいよ。（一人は寂しいよ）

ねえ、私かわいくない？（ねえ、私かわいくない？）

ねえ、私いないほうがいいよね。（ねえ、私いないほうがいいよね）

私も欲しいよ。（私も欲しいよ）

本当は自慢したいもん。（本当は自慢したいもん）

私、がんばったもん。（私、がんばったもん）

こんな言葉。この中で、すでにもうヒットした言葉がある人もいると思うんですけど。

何がヒットしたのかもうわかれへんやろ？

大丈夫です。

この講演をまとめて本にします。なんとCD付きで本にします。

でも、約3時間近い講演をどうやってCDにするんだろうと思いながら。

だから、それを買うとご自宅で。（笑）

魔法の言葉が手に入るという、非常に素晴らしいじゃないですか。

でも、その本を手に入れなくても、歌の中に魔法の言葉を詰め込んでありますので、そちらをご利用いただいても同じ効果は出るのかなというふうに思います。

こんな感じで、魔法の言葉が当たるとね、体が意図せず、目から汁、出るのよ。シジミが。

否定・禁止・抑圧

さあ、次。

魔法の言葉は、否定・禁止・抑圧。

だから本当はしたいことある。本当はやめたいことある。でも、それは言えなかった。

それは言えなかったから、どういうふうに人生いきてくるかという、これしてはいけないんだ。こうしなければいけないんだ。これはやっちゃいけないんだ。いけないんだ、いけないんだ。いけないんだ。

もう全部抑えてもぐらたたきみたいにギューッと抑えて、手足使ってガーッと抑えて身動きとれへん。

この状態で好きなことやりましょうって。

いやいや、手を外したらえらいことなるじゃないですけど、動かれへんわけよ。それやめよってことやねん。

さっ、ということで、この否定・禁止・抑圧っていうのは言葉で言うと、いけないっていう言葉。

してはいけない、しなければいけない、してはいけない、しなければいけない。

このいけない、いけない、いけないをずっとやってると、いけてない人生になるわけよ。

うまいこと言うた。

そのいけない、いけないをどうすればいいのかっていうと、たった一言。

いい！

正義の味方は、こんなことしてはいけない、守らなければいけない、いけない、いけないって言ってるんだけど、ショッカー一言しか言えへん。いい！　いい！　いい！　いい！　いい！　いい！。

今からね、山ほどの「いい」を言います。世間で言われる、してはいけない、してはいけないって思ってることを、してもいい！　してもいい！　いい！　いいになります。

だから途中で遅れて入ってきた人はびっくりします。ウワっ、なんだこの集会はと。さあ、今からいい、いい集会です。

いきます。いくよ。

親孝行しなくてもいい。（親孝行しなくてもいい）
お母さんを助けなくてもいい。（お母さんを助けなくてもいい）

甘えてもいい。（甘えてもいい）
愚痴や悪口を言ってもいい。（愚痴や悪口を言ってもいい）
礼儀正しくしなくてもいい。（礼儀正しくしなくてもいい）
人を裏切ってもいい。（人を裏切ってもいい）
子供みたいにはしゃいでもいい。（子供みたいにはしゃいでもいい）
浮気してもいい。（浮気してもいい）
っていうか、してるし（っていうか、してるし）。（笑）

まあね、5年間回り続けてやっぱりこの言葉が一番でかいんですよ。すっきりした人もいると思います。

人前で泣いてもいい。（人前で泣いてもいい）
子供を見捨ててもいい。（子供を見捨ててもいい）
自分の子供を見捨ててもいい。（自分の子供を見捨ててもいい）
子供を産めなくてもいい。（子供を産めなくてもいい）

人をねたんでもいい。（人をねたんでもいい）

お人好しでもいい。（お人好しでもいい）

利用されてもいい。（利用されてもいい）

バカにされてもいい。（バカにされてもいい）

裏切られてもいい。（裏切られてもいい）

友達が少なくてもいい。（友達が少なくてもいい）

幼稚でもいい。（幼稚でもいい）

無視されてもいい。（無視されてもいい）

孤独でもいい。（孤独でもいい）

許さなくてもいい。（許さなくてもいい）

怒ってもいい。（怒ってもいい）

自分の子供を愛せなくてもいい。（自分の子供を愛せなくてもいい）

人に迷惑かけてもいい。（人に迷惑かけてもいい）

親を許さなくてもいい。（親を許さなくてもいい）

親に恥をかかせてもいい。（親に恥をかかせてもいい）

親に苦労させてもいい。（親に苦労させてもいい）
自分の親を見捨ててもいい。（自分の親を見捨ててもいい）

隣にいたら面白いね。

親の期待に応えなくてもいい。（親の期待に応えなくてもいい）
泣き言を言ってもいい。（泣き言を言ってもいい）
傲慢でもいい。（傲慢でもいい）
自慢してもいい。（自慢してもいい）
人の誘いを断ってもいい。（人の誘いを断ってもいい）
人を楽しませられなくてもいい。（人を楽しませられなくてもいい）
もめてもいい。（もめてもいい）
損してもいい。（損してもいい）
お金がなくて惨めでもいい。（お金がなくて惨めでもいい）
借金まみれでもいい。（借金まみれでもいい）

人にお金をたかってもいい。（人にお金をたかってもいい）

働かずにお金をもらってもいい。（働かずにお金をもらってもいい）

あ～、仕事したくない。（あ～、仕事したくない）

たまってるな。（笑）

ハハハハッ。

～紙を見ながら～

あのね、同世代の方はわかると思うんですけど。見えへんのよ。ときどきそっち見てしまうのよ。そしたらね、戻って来れないのよね。

で、このへんになるともう見えへんわけよ。このへんぐらいでやっと見えるわけよ。でも、字小さいわけよ。だからこっち見て、こっち、帰ってこられへんのよね。これね、トロンボーン世代って言うらしいんです。（笑）

でもね、今日ね、遠近両用やねん。フフフ。だからちょっとましやねん、いつもより。

仕事したくない。OK、OK。よう覚えてるな、すごいね。次いきます。

どこや。どこまでいった？　どこまでいった？　何？

もらったお金で遊んでもいい。（もらったお金で遊んでもいい）

自分のためにお金を使ってもいい。（自分のためにお金を使ってもいい）

楽してもいい。（楽してもいい）

贅沢してもいい。（贅沢してもいい）

節約は悪だ。（節約は悪だ）

すぐにタクシー乗ってやる。（すぐにタクシー乗ってやる）

お金をジャブジャブ使ってもいい。（お金をジャブジャブ使ってもいい）

お金は素晴らしい。（お金は素晴らしい）

私は金食い虫だ。（私は金食い虫だ）

私はお金が大好きだ。（私はお金が大好きだ）

私はお金の亡者だ。（私はお金の亡者だ）

私はお金のことばっかり考えている〜。（私はお金のことばっかり考えている〜）

すっきりしたやろう。（笑）

こんなんもう言わないようにしてきたやんか。

おばさんになってもいい。（おばさんになってもいい）

ちょっと遅かった。（ちょっと遅かった）

臭いはおじさん。（臭いはおじさん）

すっかりおじさん。（すっかりおじさん）

（笑）

ハハハッハ。

このホール途中から入ってきた人ってどんな臭いがするんやろうね。

あれ、ここ女の人多いのに、なんでこんな加齢臭がするんだろう。（笑）

親に頼ってもいい。（親に頼ってもいい）
逃げてもいい。（逃げてもいい）
夢を諦めてもいい。（夢を諦めてもいい）
責任取らなくて逃げてもいい。（責任取らなくて逃げてもいい）
今までの努力を無駄にしてもいい。（今までの努力を無駄にしてもいい）
誰かに幸せにしてもらってもいい。（誰かに幸せにしてもらってもいい）
できない嫁でいい。（できない嫁でいい）
子供の産めない嫁でいい。（子供の産めない嫁でいい）
美人でもいい。（美人でもいい）
中身空っぽでもいい。（中身空っぽでもいい）
フフフッフフ、わかる。
苦労知らずでもいい。（苦労知らずでもいい）
子供をしつけられない親でもいい。（子供をしつけられない親でもいい）
嫌われてもいい。（嫌われてもいい）
自分の子供に嫌われてもいい。（自分の子供に嫌われてもいい）

お母さんに負けてもいい。（お母さんに負けてもいい）

夫に負けてもいい。（夫に負けてもいい）

でも本当は嫌だ。（でも本当は嫌だ）

負けたくない。（負けたくない）

怖い。（怖い）

男の人に守ってもらってもいい。（男の人に守ってもらってもいい）

お母さんみたいになれなくてもいい。（お母さんみたいになれなくてもいい）

お母さんみたいになってもいい。（お母さんみたいになってもいい）

お父さんみたいになってもいい。（お父さんみたいになってもいい）

っていうか、顔似てるし。（っていうか、顔似てるし）

っていうか、胸だけ父親似だし。（っていうか、胸だけ父親似だし）

むしろお父さんのほうが大きいし。（むしろお父さんのほうが大きいし）（笑）

お母さんを捨てて幸せになってもいい。（お母さんを捨てて幸せになってもいい）

あー、離婚したい。（あー、離婚したい）

フフフ、気持ちええやろう。

こんなんもね、離婚したいって言ったらあかんと思いながらずっと我慢して暮らすのと、あ〜、離婚したい。

でも、別にかまへんわてのと、全然違うのよ。

もう言っちゃってええからね。

次。

50過ぎのおっさんに夢中になってもいい。（50過ぎのおっさんに夢中になってもいい）

フフハハ。いいからね。ハハッハ。

心屋好きがバレてもいい。（心屋好きがバレてもいい）

お花畑でいい。（お花畑でいい）

ポンコツでいい。（ポンコツでいい）

つまらないくそ真面目でもいい。（つまらないくそ真面目でもいい）

こんな感じでございます。

こんな感じでございますは、言わなくてもいいからね。

欲しかった言葉

さあ、そして、魔法の言葉。

次がね、欲しかった言葉。

さっきはね、言えなかった言葉っていうのをやったと思うんですけど。

欲しかった言葉っていうのは、子供の頃、かけてもらいたかった言葉があんねん。でもね、そうそうもらえるもんじゃなくて。

たとえば、今日もパッと見、女性っぽい方が多いので、女性を題材にしますけど。小っちゃな頃、お母さんがかわいい服、買ってきてくれました。


じゃあ、着てごらん。

わかった、じゃあ、お母さん着るね。着ました。

お母さんの前にピュッと出ました。

お母さん言いました。


ワッ、似合わへんわ。

エーッ高かったのにどうするの、これとか。

そしたら、この子はこのハート型の中にかわいいねって、入ってくるのを待ち構えてたわけよ。


そこにね、似合わへんわ。

しかも高かったのに。

ゴミを投げられたの。

なのにお母さんに言われたこと、なぜかそれをこの中に収めちゃうわけよ。

収めちゃって、私は何を着ても似合わないんだ。

特に高いのは似合わないんだと思いながら、ずっと生きていく。

そしたら、やっぱり似合わないんだ、やっぱり似合わないんだという出来事ばっかりずっと集め続けるのね。

でも、やっぱりかわいいって言って欲しいから、それなりにかわいくしたり、塗ったり貼ったり切ったり、いろんなことをしながら生きていくわけやんか。

それなりのお年頃になったら、彼氏的なものができました。

そしたら、彼氏がかわいいねっていつも言ってくれる。

そんなことないわよって言いながらね、それでも嬉しくてかわいくしてると、また、かわいいねって言ってくれるから。

よし、じゃあ、ずっとかわいいね、かわいいねって言ってくれるから、そうか、この人はずっとかわいいって言ってくれるんだ。

わかりました。じゃあ、契約書サインしますと。（笑）

いうことで、婚姻なんたら届っていうやつにサインするわけよ。

ここからが、ドラマの始まりやねん。

なぜか知らんけれども、サインした日から言わなくなるねん、この男。

あんだけかわいいって言うてくれたのに、サインしたその日の夜からかわいいって言わなくなる。

ところが、私は私で、まあまあまあまあ。この年まで待ったし、今までかわいいって言ってくれたし。

それから、まあまあまあ、かわいい、かわいいって言ってもらう年でもないし、結構おばはんになってきたし、かわいいでもないしって思ってずっと我慢して、我慢して、我慢して。

で、その間もずっと言ってくれない。

でもでも、私は大丈夫って、ずっと納得させてきて、子供が生まれ、子供も大きくなり、子供が巣立っていき。

さあ、じゃあ、今日は結婚30周年でご飯でも食べに行こうかと。

わかりました。じゃあ、ちょっと私これ着るわ。

待ち合わせしました。レストラン着きました。はぁ、着きました。

〜小芝居〜

さあ、今日は何にしようかね。すみません、今日のお薦め。

あっーはいはい、今日のお薦めこれだって。どうする？

やっと気づくわけ。

あっ、今日かわいいね、かわいい、かわいい。

私がこうしたから今言ったよね。いや、そんなことない。

すごいかわいいと思う、すごいかわいいと思う、すごいかわいいと思う。

ねえ、なんで3回も言うのかな。

いや、そんなことない。今まであまあかわいいって、あ～あ～言ってなかったかな。だからね、かわいいなと思って言ったよ、かわいいな。

ね、本当はそんな思ってないよね。もう、こんなおばさんかわいいとか違うもんね、思ってないよね。

そんなことない、かわいいって。かわいい。すごいかわいい思う。そんなことよりもう料理決めようと。

そんなことよりって、今言った？

いや、そんなことよりっていうのは、そんなことよりっていう意味じゃなくて、そんなことよりご飯決めよっていうことだからね。

あー、そう。そうなのよね。だから、あなたは本当はずっと、ちょっと私黙ってたけどね、この30年間かわいいって言わなかったよね。

いや、言わなかったけど、まあ、いいじゃないか。まあ、とりあえず料理。

まあ、いいじゃないかって。だから何を。本当はかわいいと思ってない。

いや、本当はかわいいと思ってる。思ってるけど、いいじゃないか。ああ、じゃあ、わかったよ。かわいくないよ。

ほら、やっぱりかわいくないって言ったじゃないの。

はい。調子がいい日は小芝居します。

で、今日はどうやら調子がいいみたいです。

じゃあ、私は何がしたかったのかっていうと、あの頃に空いた穴のかわいいが欲しかっただけやねん。

欲しかったんだけど、この人のかわいいじゃ埋まれへんねん、微妙に形が違うねん。本当は、あのおばばのかわいいが欲しかった。

ところが、あのおばばもう死んでたりもするし。

あのおばば言わへんかったりするわけ。

だから、本当はあれが欲しいのにこれで我慢してたんやけど、なんかやっぱりね。白いご飯食べたいのにポテトチップス食べてるみたいで、ちょっとガシャガシャして、口の中切ったり、塩辛かったりするわけ。

あ〜、でも、でも、まぁ。これはこれでお腹満たされるしいいかなと思ってたんやけど、やっぱりあれが欲しかった。

でもあれは言わない。これはポテトチップスや、もうあかん。

じゃあ、どうすればいいのか。私はどうすればいいのか。

自分が自分に言ってあげて欲しいわけ。

その言葉が今ここにあるわけや。わかった、長かったけど。

じゃあ、いきます。欲しかった言葉。

あなたの小さい頃を思い出して、そして、自分が自分にひとつずつかけてあげてください。

いくよ。

楽しいね。（楽しいね）

お前の話は面白いね。（お前の話は面白いね）

お前の言うとおりだね。（お前の言うとおりだね）

もう大丈夫だよ。（もう大丈夫だよ）

楽しいね。（楽しいね）

よくがんばったね。（よくがんばったね）

かわいいね。（かわいいね）

似合うね。（似合うね）

仕方なかったね。（仕方なかったね）

辛かったね。（辛かったね）

お前のことだけが大好きだよ。（お前のことだけが大好きだよ）

できないお前でも大事だよ。（できないお前でも大事だよ）

気づかなくてごめんね。（気づかなくてごめんね）

もっと遊んであげればよかったね。（もっと遊んであげればよかったね）

いくらでもお金かかっていいよ。（いくらでもお金かかっていいよ）

家族だからね。（家族だからね）

ずっと家族だよ。（ずっと家族だよ）

ずっと一緒にいようね。（ずっと一緒にいようね）

迷惑かけていいよ。（迷惑かけていいよ）

守ってあげるよ。（守ってあげるよ）

お前の味方だよ。（お前の味方だよ）

生まれてきてくれてありがとう。（生まれてきてくれてありがとう）

弟の面倒見てくれてありがとう。（弟の面倒見てくれてありがとう）

えらかったね。（えらかったね）

気づかなくてごめんね。（気づかなくてごめんね）

本当は辛かったんだね。（本当は辛かったんだね）

でも言えなかったんだね。（でも言えなかったんだね）

寂しかったんだね。（寂しかったんだね）

もう泣いてもいいよ。（もう泣いてもいいよ）

もう我慢しなくていいよ。（もう我慢しなくていいよ）

大きな声で泣いていいんだよ。（大きな声で泣いていいんだよ）

いつでも帰っておいで。（いつでも帰っておいで）
助けてあげるよ。（助けてあげるよ）
もう怒ってないよ。（もう怒ってないよ）
またみんなで一緒に暮らそう。（またみんなで一緒に暮らそう）
嫌ってないよ。（嫌ってないよ）
もう離さないよ。（もう離さないよ）
助けてくれてありがとう。（助けてくれてありがとう）
すごいね。（すごいね）
がんばったね。（がんばったね）
自慢の子供だよ。（自慢の子供だよ）
愛してるよ。（愛してるよ）

こんな感じです。

あれから40年、この言葉が口に出せた段階で。

じゃあどうすればいいのかって言うたら、口に出せた、成仏、終わり。出せたらそれでいいです。

そして、ここまでの魔法の言葉の中で何かに引っかかったり、何かにヒットして涙が出た人もたくさんいらっしゃると思うんですけど。

涙が出た人は、何の涙かっていうと、悲しい涙じゃなくて、この自分の体が思っていた今までの本心を。

この本人、どたまが、この本心をお前がやっとわかってくれた。

やっと自分が自分の気持ちをわかった瞬間のうれし涙です。

だからね、今日涙が出た人は、あ〜私はうれしかったな、自分が自分のことわかってあげたかったんだなと思いながら、ニコニコしながら今日は帰ってください。

そして、泣けなかった人。

なにひとつ涙が出なかった人。

カエルのように冷たい生き物かもしれない。なにひとつ泣けなかった人にはちょっと申し訳ないけど、悲しいお知らせがあります。


これ、悲しいお知らせなのよ。

言っていいかな。ここまでの時間とお金と手間をかけてここまで来てくれたあなたに言っていいかな。


ここまで泣けなかった人は残念ながら幸せなんです。

残念ながら幸せだったんです。(拍手)

だから、もう悩まなくていい。

もう不幸なふりしなくていい。

もう問題があるふりを、問題を解決して、難しい顔をして生きることが真剣に生きることだとか思ってた人もいると思うけど、関係ないから。

もうヘラヘラ笑って生きてください。

そしてね、あなたはここまで来て、ここまで約2時間近く話を聞いて、涙のひとつも流せなかった。なんのもとも取れなかった。

あなたはここに来て、お金をドブに捨てたようなもんなんです。（拍手）

ありがとうございます。フフフッフフ（拍手）。

ねえ、すでに幸せだっていうことです、あなたは。

一生懸命幸せの中にいたのに、幸せはどこだ、どこだ、そこや！　親父の眼鏡かみたいなね。

幸せは今そこにありました。

だからあなたは今日からニコニコ幸せに笑って暮らしてください。

そして、お金だけ心屋に振り込んでいただければ。そしたら、さらに幸せになると思う。振り込むの忘れたら不幸になるからね。(笑)

はい、そんな感じです。

思い込み

さあ、次の魔法の言葉を思い込み。

思い込みっていうのは、僕らはね、小さな頃にいろんなものを見たり聞いたり、それこそお母さんが不幸だと思い込んで生きていたわけ。

これね、全部間違いだっていうことを、今からひっくり返していきます。

じゃあ、いくよ。

へえ〜。（へえ〜）

お母さん幸せだったんだ。（お母さん幸せだったんだ）

えっ、あの顔で。（えっ、あの顔で）

お母さんは不幸な顔が得意だったんだ。（お母さんは不幸な顔が得意だったんだ）

だからね、ちょっとね、みなさんね。お母さん不幸だって手を上げた人が97・5パーセントぐらいいらっしゃったわけ。

ちょっと、家帰って聞いて欲しいねん。お母さん不幸だった？　って聞いて欲しいねん。

そしたらね、驚きの事実をみなさん知ることになるから。

お母さん不幸だったたって聞いたら。

え、幸せだったよ。

ちょっと待って、今まで不幸だと思ってた私、ちょっと返してくれみたいな。

もしくはね、中にはね、不幸だったって聞いたら、まあ、大変だったけど、大変だからと言って不幸ということじゃないからねって、言う人もいるだろうし。

もしくはね、中にはね、不幸だったって聞いたら、もう超~不幸やった、私、あのお父さんと結婚してものすごく不幸やったわって言う人もいます。

関係ないから、私とそれ。

あの人が不幸なのは私と関係ないからね。だから大丈夫です。
今日帰って聞いてください。お母さんいない人は仏壇に聞いてみてください。
お母さん幸せだった？　不幸だったよ。

なんだ、お父さんは照れ屋さんだったんだ。（なんだ、お父さんは照れ屋さんだったんだ）

私と同じで不器用だったんだ。（私と同じで不器用だったんだ）

だから何も言ってくれなかったんだ。（だから何も言ってくれなかったんだ）

チッ、バカだな。（チッ、バカだな）

もう一人で頑張らなくていいんだ。（もう一人で頑張らなくていいんだ）

なんだ、助けてって言っていいんだ。（なんだ、助けてって言っていいんだ）

怒られると思ってた。（怒られると思ってた）

嫌われると思ってた。（嫌われると思ってた）

ときどき嫌われる。（ときどき嫌われる）

〜クシャミ〜

（笑）

さっきのおかしかったね。

なんだ、できないって言っていいんだ。（なんだ、できないって言っていいんだ）

なんだ、やりたくないって言っていいんだ。（なんだ、やりたくないって言っていいんだ）

えっ？（えっ？）

これが幸せなんだ。（これが幸せなんだ）

あの～、さっきも言いましたけど、みなさん今日、お金と時間をかけてここまで全国全世界から集まってくれたわけやんか。

あの～、今、そこに座ってるあなたが今、幸せのピークです。

だから家に帰るにつれて下がっていきます。（笑）

これを英語で言うとリバウンドって言うんですけど。

こんだけ楽しくて笑って、アハハハハって。

家、帰ったらね、だいたいろくなことないねん。

まず今日、駐車場出れない。なんか、謎の傷が入ってる。バッテリー上がってる。家帰ったらスマホ……ない、ない、ない、ない、スマホない。

犬逃げてる。

だいたいろくなことないね。
家帰ったら旦那不機嫌。あんだけ言ったのに洗濯物取り込んでない。
だいたいろくなこと起きてません。で。

それが、幸せやねん。

僕も思ってたんですけど、幸せになったらね、なにも腹も立たんしね、なんの問題も起らへんと思ってた。

違うからね。

僕ね、今おかげさんでかなり幸せに暮らさせてもらってるんですけど、嫌なこといっぱいあるもん。

昨日もホテル……。やめておくわ。ハハハッハ。
ホテル泊まってね、ホテルのフロントの人がね、魂抜けてたの。(笑)
あのチェックインしていいですか？　あっ、あっ、こちらにお名前を。

車どこに回したらいいですか？　あっ、あのそ、そちらにみたいな。

まあまあそれは置いておいて。どこまで言った？　そうそうそう。

だからね、病気でも風邪は引く。

だから、幸せでも嫌なことあるし、僕幸せに暮らしてるけど、ネットでは変なコメント書かれたりするし。

だいたいろくなことないわ。

でも、それが幸せやねん。

だからみなさん、もう一回言うよ。今、幸せのピークです。

今そのね、え、お金ないし、え、お金なんか下がってきたし。借金あるし。旦那浮気してるし。もうろくなことないけど、それが幸せやねん。

もっといいもんと思ってたやろ。

違うから。

だからここへ来たらね、この話聞いて、すごい武器のようななんかいいものの話聞いて、すごい幸せになれると思ってたやんか。

違うから。

今日、来てお金払っただけ。

それを幸せだなっていうふうに笑えたら、だからね、また変なものを、心の世界をかじってるとね、私が今これ風邪引いたのにはなんか意味あるんでしょうか？ないから。

私の子供が学校行かなくなったのは、私が愛情をかけてあげられなかった？関係ないから。

愛情かけてても甘えたになって、学校行かへん子も出てくるわけやからね。もう、全て関係ないから、そんなに悩まなくていいです。

もう一回言います。今日家へ帰ったら悪いことあります。必ずあります。

スマホ割れます。

（笑）

財布なくします。

犬いません。フフッフ。

なんなら帰りに死ぬ人もでてくるかもしれへんやん。笑ってたら、自分が米子道でスリップして死ぬかもしれへんわけよ、ね。

いくよ。

え。（え）

これが幸せなんだ。（これが幸せなんだ）

幸せでも人に嫌われるんだ。（幸せでも人に嫌われるんだ）

幸せでも嫌なことあるんだ。（幸せでも嫌なことあるんだ）

え。（え）

これが幸せなんだ。（これが幸せなんだ）

いや、ないわ～。（いや、ないわ～）

いや、ないないないないないない。（いや、ないないないないないない）

もっといいもんでしょ、幸せって。（もっといいもんでしょ、幸せって）

違うからね。

そうか、幸せでも嫌なことあるんだ。（そうか、幸せでも嫌なことあるんだ）

そうか、幸せでもタンスの角で小指打つんだ。（そうか、幸せでもタンスの角で小指打つんだ）

フフフフ、長いのよく言えたね。

ダメな自分でも自信持っていいんだ。（ダメな自分でも自信持っていいんだ）

自分は特別な人間だと思っていいんだ。（自分は特別な人間だと思っていいんだ）

勝手に自分のことダメだって思ってたんだ。（勝手に自分のことダメだって思ってたんだ）

私ここにいてもいいんだ。（私ここにいてもいいんだ）

私、幸せかも。（私、幸せかも）

いや、私超すごいかも。（いや、私超すごいかも）

私愛されてるかも。（私愛されてるかも）

勘違いしてた。（勘違いしてた）

勘違い女だ、私。（勘違い女だ、私）

男の人は女だって言わなくていいからね。

さあ、ここまでいっぱい笑ってきたやんか。

こんなんですむと思ったらえらい間違いやで。

ちょっとね、ちょっとみなさん座ってもらって。座ってるね、ごめん。

ごめん、今日立ち見の人います。立ち見の人ごめんね。
ちょっとね、うまいことやってね。

世界最強の魔法の言葉

はい、じゃあ、ちょっとみなさん座ってもらっていいですか。

偉そうに座ってもらっていいですか。

高速通って、私、金むっちゃ入ってんみたいな、そういう成金みたいになってもらっていい。こんな偉そうな座り方してって言うたら。

いや、私そんな座り方したことないですって言う人もこのあいだいたのよね。

ちょっとね、最前列の人、女子、はい、足を開く、はい。（笑）

なんなら、こう足を組む。いくよ。

組んだ？

さあ、じゃあ、まずはね、体をゆすってもらっていいですか。

ちょっと謎の声を出します。

ウッウウウウ〜。（笑）

フフフ、自分がちょっと温泉に入ってるような気分でね。いくよ。もう一回、体ゆすって。

ウッ、ウッウ〜。ウッウウウウウウウ〜。

で、ちょっとね、真上向いてもらって、真上、そう天井を向いて。

そしたら、いつも下向いて生きてる人は首の後ろ痛いはずやねん。

痛いやろう。さあ、それでちょっとこうやってゆすりながらね。

さあ、今からですね、世界最強の魔法の言葉いきます。これはちょっとかなりやばいので気をつけてくださいね。

いくよ。はい、いくよ、はい、上向いて体ゆすりながら。いきます。

フン。（フン）

もう一回いくよ。

フン。（フン）

世の中チョロいわ。（世の中チョロいわ）

あのね、この中には必ずいるのよ、一定の割合で、世の中チョロい人が。

でも、チョロいなんかバレたらえらいことやんか。

だからね、いや、私だって大変なのよって、謎の大変作ってる人がいっぱいいるから。

もっとね、世の中チョロくいっていいから。もっと楽やから。

僕もね、難しい顔をして生きることが真剣に生きることやって思ってたからね。はい、もう一回いくよ。

フン。（フン）

世の中チョロいわ。（世の中チョロいわ）

そう。家帰ってね、お風呂入ってね、お湯ためてね、電気消してね、フンって言って。家の人心配するから。

帰ってきたら、いい、いいって言うてるし。

もう。おかしい。

何、行ってきたんやと。だから、やめとけ言うたやんか。フフッフ。

さあ、次。

もうひとつこれがね、最近発見した魔法の言葉、恐ろしいやつがあるから、いくよ。

じゃあ、また上向いて。

さあ、あなたが今抱えている問題。

腹出てる。（笑）もうさっき泣いて、目や鼻どこかいった。

金ない。子供学校行かへん。私病気になってる。

旦那浮気してる。髪の毛今日まとまってない。（笑）

もう、だから湿気嫌いやねん、私。

はい、さあ、なんでもいいです。会社でなんか大変な目に遭ってる。仕事なくなるかもしれへん。仕事見つからへん。あ〜っていう、そのあなたが今抱えている大変な問題をちょっと頭に思い浮かべながら、思い浮かべてね、思い浮かべてね、いくよ。

超〜ウケるんですけど。（超〜ウケるんですけど）

はい、もう一回。もう一回いくよ。はい、もう一回上向いて。さぁ、あなたが今抱えている問題。体たるんできた。体脂肪40超えた。金ない。帰り雪降って帰られへんかもしれへん。子供学校行かへん。私、病気治らへん。

さあ、いくよ。

超～ウケるんですけど。（超～ウケるんですけど）

まあね、だいたい他人の悩みってどうでもええやんか。

他人の悩みどうでもええし、そのうちなんとかなるやんって思えるってことは、自分の悩みもどうでもええねん。

そのうちなんとかなるねん。

そのぐらいのもんだわ。

このね、超ウケるんですけど、どんな使い方するかね？

恋愛カウンセラーなのに彼氏いない。超~ウケる。（笑）
ヨガしてるのにデブ。超~ウケる。
子供学校行かへん。超~ウケる。
旦那浮気してる、あの顔で。超~ウケる。
明日、電気止まんねんて。超~ウケる。

なんか面白くない？

だからね、悩みってそうやって解決してみて。

まあまあ、僕はここまでの話なしでときどきそれを言うからね、叩かれたりするんですけど。

まぁ、でも、そんな感じ。だからね、もし自分がどうしてもこれはあかんっていう、もう絶体絶命の何か問題が起きたときは、一回でいいから、笑いながらでいいから。

超~ウケるんですけど。

ギャル世代の女の子がお母さんになったらね、どんな問題が起きてもね、超ウケるで、終わらすらしいのね。

お母さん同士もめてる。うわっ、超ウケる。

だからね、そんなんでいいんじゃないかなって僕は思うわけ。いくよ。

もうできないふりやめようかな。（もうできないふりやめようかな）
実は私すごいんだよね。（実は私すごいんだよね）
こんな自分でもいいのか。（こんな自分でもいいのか）
こんな自分でも愛されてるのか。（こんな自分でも愛されてるのか）
何もできなくても愛されてるのか、そっか。（何もできなくても愛されてるのか、そっか）
ムハハッハ。どうせ愛されてるし。（ムハハッハ。どうせ愛されてるし）
すんません、素晴らしくて。（すんません、素晴らしくて）
私、素晴らしいんですけど、何か。（私、素晴らしいんですけど、何か）

いや、私が素晴らしいことで、あなたに何かご迷惑をおかけしましたか。（いや、私が素晴らしいことで、あなたに何かご迷惑をおかけしましたか）**あまりグダグダ言うとぶち殺しますわよ。**（あまりグダグダ言うとぶち殺しますわよ）（笑）

ハハッハハハ。

なんかね。日本人ってね、特に面白いのよ。すごいって言って欲しいからなんかがんばるやんか。すごいって言って欲しくて、なんかすごい素敵な椅子を作ったとするやんか。すごいの作りました。そしたら誰かが、うわっ、すごいですねって褒めてくれるやんか。

いやいや、そんなことないんです。あの人のほうがもっとすごい椅子作ってますからとかって言うわけやんか。

そしたら、それを横で見てた人が、大したことないですよねって言うたら、ものすごいキレるやんか。

そんなことないです。こんなにがんばった。こんなことにこだわってこうしてるんです。この値段で、こうしてるんですよ。(笑)

じゃあ、ええやん、最初からすごいの作ったんです、私〜って。

僕も、例にもれずそういうやつやったんで。

自分がすごいと言って欲しいから何かをするし、それから、すごいと言ってもらえそうな結果が出てから、やっと自分が自分のことすごいと思えるようにがんばってきたわけ。

でもね、そんなんね、終わらへんわ。

だから僕ね、途中で気がついたわけよ。

ああ、なんにもないけど、自分のことすごいってことにしようと思ったの。

だからここにこうやって立って、僕すごいですけど、何かって。別に普通に言えるわけよ。

だから、みなさんが一人ずつここへ来て。

私すごいんですけど、何かって言えるかっていうと、たぶん言いにくい人もいっぱいおると思う。

自分が成果にかかわらず、自分はすごいんだっていうことを認めることができたら。そのあとからすごいという結果がついてくるってことがわかった。

だからね、まず自分のこと、何もない段階からすごいってしといて。

かつ、これほど最低な人間もおらへんわけ。

だからね、すごいし最低やから、もうええやん。

はい、終わり。

で、すごいんだけれど、最低だから何もできへんねん。できることはできるけど、できへんことはできへんわけ。

そしたら、じゃあ、あと何をすればいいかっていうと。

自力でがんばるのやめようってことやねん。

もっと他力という自分以外の人のね、ここやったら1500人いるから、その人たちの力を借りたほうが絶対いいわけよ。

だから、自分が、自分が、自分がって、がんばれば、がんばるほど、他力って減っていくねん。

だからね、他力っていうのは、人の助けとラッキーやねん、運やねん。

だから、それを増やそうと思ったら、自分がいかに頑張らないか、いかにサボるか、いかに逃げるか。

そしたらね、運がグワッとでかくなるねん。

そんなん世の中の常識とは反対やんか。

でもね、僕は間違いなくそれをやり始めてから、すごく助けてもらえるようになったし、すごくね、運がよくなりました。

さあ、いくよ、続けていくよ。

あ〜、私かわいいし。（あ〜、私かわいいし）

私、みんなのアイドルだし。（私、みんなのアイドルだし）

ごめんね、美人でスタイルいいのに、頭までよくて。（ごめんね、美人でスタイルいいのに、頭までよくて）

ごめんね、オーラ眩しくて。（ごめんね、オーラ眩しくて）

サングラス貸そうか。（サングラス貸そうか）

だからね、女子もかわいいって言われたくて、つけたり、貼ったり、切ったり、するわけやんか、な。

かわいくしてるのに、誰かがね、かわいいねって言うたらね、そんなことない、あの人のほうが絶対かわいいもん、絶対かわいいもん、絶対かわいいもん。

誰に言うてるねん。どこの理想やねんみたいな。

だから何もない、ヒラメのままで私かわいいのって、もう言っていいから。

今、たまたまやからね、今、目が合ったのは。（笑）ごめん、ごめん。

すごいタイミングで目が合ってしまったわ。

私のこと特別扱いしなさいよ。（私のこと特別扱いしなさいよ）

たまには、失敗っていうやつをしてみたいわ。（たまには、失敗っていうやつをしてみたいわ）

まぁ、仕方ないっすよね。（まぁ、仕方ないっすよね）

私、変な人だし。（私、変な人だし）

っていうか、変態だし。（っていうか、変態だし）

本当はそんな自分が大好きです。（本当はそんな自分が大好きです）

だから、頑張ってきたんだよね。（だから、頑張ってきたんだよね）

自分のこと嫌いたくなかったもんね。（自分のこと嫌いたくなかったもんね）

うん、今日から私は素晴らしい。（うん、今日から私は素晴らしい）

っていうことです。ここまでがね、魔法の言葉です。

あなたは、大丈夫

もう何言うたか、全然覚えてないやんか。

本買うようにね。年明けてから出すからね。

さあ、今まで「がんばり教」でがんばってきて、「がんばり教」の人っていうのは、嫌われないように、嫌われないようにがんばるわけやんか。怒らせないように、嫌われないように、喜ばれるように、好かれるようにがんばるやんか。


僕もそうやけど。

嫌われないように、嫌われないように、嫌われないようにがんばってきたし、好かれるように、好かれるように、好かれるようにがんばってきた。

そしたら、何が起きたのか。

嫌われるねん。

もう一回言うで。

嫌われないように、嫌われないように、好かれるように、好かれるようにがんばってきたら何が起きるか。

嫌われるねん。

で、あれと思って、この世界からこっちに移って、好き勝手やって、もう嫌われてもいいや、好かれなくてもいいや、嫌われてもいいや、好きなことやろうと思ってどんどんやっていったらね、何が起きたのか。

嫌われるねん。（笑）

わかる？　わかった？

我慢して、自分殺して、がんばって、我慢して、自分殺して、がんばってても嫌われ〜〜る。

好きなことやって、自分勝手やって、いっぱいお金使って、何か好きなことばっかり勝手にやっててても嫌われ〜〜る。

はい、ってことです。

好きに生きてください。

やっぱりいいこと起きて欲しいし、悪いこと起きて欲しくないからね。いいことばっかりしようね。きちんと挨拶して、礼儀正しくして、トイレ掃除して、綺麗にいつも部屋を掃除して。

いつもいいことばっかりしてても、犬逃げんねん。

いいことしてたら、いいことしか起こらないっていうのはないから。**ちゃんと悪いことも起きるから、それも込みでいいということね。**

それから、あとね、お金に関してもそうなんです。

僕ね、こうなるまでケチやったの。一言でいうとケチやったの。

うちの奥さんと出会ってからは、そのケチが直っていったんですけど。直っていったってなんだ。

で、ケチやったの。ケチってね、お金節約するねん。お金節約して、安いもの買って、無駄遣いしないように小遣い帳をつけて、節約して、節約して、節約して、節約して暮らしてたの。

そしたら何が起きるのか。

お金、減んねん。

あんだけ節約してんのに、風呂のパッキンおかしいのかなっていうぐらい、ずっとお湯が減るぐらいね、お金がなんで。

で、節約した分ね、違反の罰金で払ったりとかね、謎に傷つけられてお金出ていったとかね、謎にお金減るねん。もう一回言うで。

節約して、節約して、節約して、節約してるとお金が減〜〜る。

はい、こっちに来て、もう好きなものに使おう。

高くても自分が好きなものに使う、楽しいことにいっぱいお金使って、ワーッと人に奢ったり、いろんなことしようと思って、いっぱいお金使うようになったの。そしたら何が起きたのか。お金が減るねん。（笑）

当たり前やん。使ってるねんもん。

もう一回いくで。

節約してても お金は減〜〜る。

お金使っても お金は減〜〜る。

使おう。ＣＤ買おう。（笑）

それから、僕はこっちに生きてる頃は、人に迷惑をかけないように、迷惑をかけないように生きてたの。

人に迷惑をかけない。人に迷惑をかけないように。それから、うちの奥さんにも嫌われたくないので。嫌われたくないというか、迷惑かけないように、迷惑かけないように生きてた。

だから、僕が本当はやりたかったことでも、あの人が嫌って言うたら、じゃあ、やめておくわって何度か引いてたのね。

そしたら、あるとき言われたの。

僕がこれしたいねんって。それはちょっと嫌だな。

じゃあ、やめておくわって言うたら、数日後に。

なんでやめるの？　って聞くから、

え、だって嫌だって言うたからやめたよって、聞いた。

嫌なのに、やりたいの、なんでやめるの？

迷惑そうだし、やめるよって言うたのね、そしたら。

もしかして迷惑かけないようにって思ってくれてる？

うん、迷惑かけないように思ってるよ。

かけてるよ。

えっ？　迷惑かけてないってしてくれてるんやんね？

うん。

かけてるよ。（笑）

ねえ、迷惑かけないように生きててもかけてるから。

衝撃やったわ。

だからね、もっと子供みたいに好きなことに邁進していいんじゃないかな。やりたいこと、やりたくないこと。

そしたら、もしかしたらそれが倫理に外れたり、道徳に外れたり、常識から外れたりするかもしれないけれど。

ちょっとね、ちょっと踏み出してみて欲しいなと思います。

で、さっきも言ったように、あなたが、みなさんが迷惑をかけることっていうのは、ここに集まってる人の迷惑っていうのはネコパンチやから。シャッ。

ちょっと切れた。痛いなってなるけど。キャッ。

基本的には全く効かないから、大丈夫だから。

だから、正しいことばっかり生きるんじゃなくて、楽しいことに生きて欲しいなと思います。

だからあなたの人生をひっくり返す、大逆転する鍵は、あなたが今までやらなかったこと、タブーだと思ってきた中に絶対あるから。

そのあなたのタブーをね、今回はやってみて欲しいんですね。

で、もう一個。あの〜、みなさんは、冒頭にも言いましたけど、今日ここに来てくれた。今日ここに来たかったのに来れなかった人も絶対いるわけですよ。

みんな来れたやんか。ものすごいついてるねん。

かつ、あんだけ人生苦しくて迷って、苦しくて迷って、苦しくて迷った中で僕を見つけたわけやんか。

ものすごい、運持ってるねん。

これをなんていうか。

英語でいうと、お目が高い。

だから、僕を見つけるという強運を持っているみなさんだから大丈夫だから。

これをね、最後は、大丈夫だというね。

この大丈夫、この三文字だけ最後は持って帰って欲しいなと思うんですね。

第3部 魔法のうた

CD 3

魔法の歌

ちょっと喋りすぎたんですけど、今から本番です。

ここまでが前説。（笑）

～ギターの準備をしながら～

僕が自分は歌を歌いたいな。歌を歌いたいんやなっていうことに気がついて。

でもね、実際歌を歌い始めるまでには、しばらく時間かかったんですよね。

やっぱり、プロの歌手でもなんでもないし、歌ってもいいのかなっていう気持ちもあったんですけど。

人には好きなことしようって言いながら、そのーやっぱりね、いろんな気持ちの中に抵抗があったんですね。

思ったんです。うまくなってから歌おう！

気がついたんです。うまくならない（笑）。

だから、うまくなる前からもう歌おうと思って。

そしたらね、案の定やわ、いろんなこと言われたのね。やっぱりね。下手くそとか、下手くそとか、あとね、下手くそとか、なんでカウンセラーが歌、歌うんですかとかね。

でも、僕の歌って言うのは結局、途中でも言いましたけど、人の心に響く言葉っていうのは、もうだいたい一緒なので、それにメロディーをつければ、そのメロディー、その歌を毎日聴いて、そして、それを一緒に口に出して歌えるようになったら、魔法の言葉を口に出してるのと一緒やから。

やっぱりどうしても幸せになっていくんですよね。

だからね、ＣＤ４枚出てるので、買うと幸せになるよ。

買わないと不幸になるよ。

さあ、ちょっと何曲か歌わせていただきますけど。

今回の大きなテーマは、お母さんの幸せから自分の幸せにシフトしましょうっていうね。

そんな歌を、愛情という歌を一発目お届けするんですけど。

この歌はお母さんに向けての歌であって、そう作ってきたんですけど、途中でね、歌いながら気がついたんです。

これは、自分が自分の子供に向けて歌ってる歌でもあったな、ということです。

愛情

（歌）♪

あなたの幸せが　わたしの幸せだから
あなたの微笑みが　わたしの生きがいだから
どんなことをしても　あなたの笑顔が見たいから

あなたがいるからね　あなたの笑顔が欲しくて
あなたがいるだけで　わたしは幸せだから
どんな苦労もどんな努力も　すべて報われる

わたしにできること　おどけて笑わせること
わたしにできること　がんばって褒められること

どんなときでも　どんな苦しみも　乗り越えてゆけるから

だけどできない　期待に応えられない
そんな自分が　悔しくて
振り向いてほしくて　笑ってほしくて
でも出来なくて　大嫌いになった

わたしがしたこと　あなたを悲しませること
わたしがしたこと　あなたを怒らせること
どんな思いも　どんな努力も　いつも届かない

あなたがくれたこと　心配という名の愛
あなたがくれたこと　自分を犠牲にしてまで
誰かに尽くして　不器用だった　ヘタクソな愛情ばかり

それでもあなたは　必死にやっていきてた
それでもあなたは　とても幸せだった
おせっかいばかりで　それでも足りなくて　与え続けてた

でも
わたしの幸せは　あなたに尽くすことじゃなく
わたしの幸せは　自分を大切にすること
やっと気づいたの　あなたを信じて　わたしはわがままに生きるの

あなたの幸せが　わたしの幸せだった

でも
わたしの幸せが　あなたの幸せになる
そう信じて　あなたはあなたの幸せのために生きてね

『愛情』でした。ありがとうございました。（拍手）

泣かそうと思って歌を作ってるつもりは、ほとほとなくて。

でも、やっぱり泣いてしまう人がいて。

でも、こうやって静かに聴いてる中で、泣いたらまずいなって思うやんね。でもね、今日は泣いてもいいからね。

エッエ～ッて、言うていいからね。

もぅ暗くしてるから、隣の人がウッウッグワッ～いうて泣いてても、まあまあいろいろあったんだなって思って。

私は何にもないけどなと思って。

でも、次の曲になったら私がウワッ～ってなるかもしれへんから、お互い様ということで。

さあ、「がんばる教」に入ってるお母さんがママになると、顔が般若になります。そんな歌です。ママさん版の関白宣言。

ママの歌

（歌）♪
家の中はモデルルームみたいに片付いて
手作り料理がいっぱいで
子供にやさしく　怒鳴ったりしないで

そんなママになりたかった
そんなママじゃないとダメだと思ってた

いつもニコニコ　家事も育児も完璧で
いつもキレイで　笑顔がステキで
しつけも勉強もちゃんと教えて

恥ずかしくない子にしないと
そうじゃないとココに居られないと思ってた

完璧な母で　夫を立てる妻で
誰よりも早起きで　そう母さんみたいに
やりくり上手で　節約上手のお嫁さん
そんなにひとにあこがれていた
１００点のオンナを目指してた

がんばっているのに　できなくて
がんばっているのに　文句ばかり言われて
文句言わせないように　さらにがんばって
怖い顔してにらんでた

わたしはちゃんとやってるのだから
あなたもちゃんとやってよねって
なんでやらないの　不公平じゃないの
いつも夫と子供を見張ってた

はたから見ればサボってて
それでもいいじゃん私の家は
完璧じゃないけど明るい奥さん
わたしは笑って生きようと思う
それでいいやと　やっと思えた

ラクしていいよ　サボっていいよ
お惣菜買っていいよ　今夜もまた店屋物でもいいよ
高いランチしていいよ　無駄遣いしていいよ
毛皮のコート買っていいよ

おしゃれしてキレイにしてていいよ

だれかの力を借りていいよ　甘えていいよ
目立っていいよ　バカみたいに騒いでいいよ
夜中まで飲んでいいよ　洗濯物溜まってもいいよ
二度寝していいよ　ジャージのままでゴロゴロしてていいよ

キャラ弁作れなくていいよ　弁当箱に菓子パンだけギューッと詰め込んでも
いいよ
夫のくだらんダジャレ無視していいよ　夫の親にタメ口きいていいよ
夫を立てなくていいよ　片づけられなくていいよ
がんばらなくていいよ　たまには怒鳴っていいよ
子供叩いていいよ

子供を学校に行かせられなくていいよ

子供ほったらかして　遠いところから心屋のイベントに遊びに来てもいいよ
不機嫌でいいよ　うっかりものでいいよ
躾もできなくていいよ　だって無理だもん
だってわたしも　できてないもん

そんなに　自分を　責めないで
あなた以外にあなたを責める人は　ホントはいないのだから
ゲスい嫁で行こう　ダメな母で行こう
だってダメだもん　これもわたしだもん

ホントは　みんな　やさしいよ
もっと迷惑かけてやれ　ニャ

（拍手）

『ママの歌』っていう歌でした。

さあ、今日はですね、昼間の講演なんでちょっと時間に許しをいただいてますので、この曲を。

今日お誕生日の方いらっしゃいますか？　いない？

１５００人いて。

あっ、一人。お一人。それから、はいって言って。どこ？　どこ？　そこ？　おめでとう。

よかったらご起立をお願いします。

さあ、そして今月お誕生日の方～、起立。

おめでとう。

さあ、こんな歌をお届けします。

お誕生日おめでとう

（歌）♪

あなたが生まれてくれて
わたしと出会ってくれた
お祝いさせておめでとう
大切なあなたへ

あなたが生まれてくれて
わたしと出会ってくれた
お祝いさせておめでとう
大切なあなたへ

（さあ、お父さん、お母さんを思い出して）

あなたが生んでくれて
わたしと出会ってくれた
お祝いさせておめでとう
大切なあなたへ

（さあ最後に、自分へ）

わたしが生まれてくれて
わたしと出会ってくれた
お祝いしようありがとう
大切なわたしへ

お誕生日おめでとう

（さあ、もう一回だけいきます）

あなたが生まれてくれて
わたしと出会ってくれた
お祝いさせておめでとう
大切なあなたへ
お誕生日おめでとう
おめでとう〜

〜ピックを客席へ〜

2階の方、絶対取れなかったと思うんですけど。（笑）
あのね、出口に置いてるので。（笑）
好きなやつ取って帰ってください。

7種類ぐらいあるのかな。

さあ、もうちょっとだけ歌わせてください。

～拍手～

がんばり屋さんに、もうそろそろがんばるのをやめて、いったん、自分をねぎらってください。

そんな歌です。

がんばったね

（歌）♪

よくがんばったね　よくがまんしたね
いつも涙こらえて　弱音を吐かずに
よくがんばったね　よくあきらめずに
とてもすごかったね　かっこよかったよ

よくがんばったね　よくがまんしたね
いつも涙こらえて　弱音を吐かずに
よくがんばったね　よくあきらめずに
とてもすごかったね　かっこよかったよ

そう悔しかったね　そう腹が立ったね
そう悲しかったね　逃げたくなかったね
ちょっと　カッコ悪くて　ちょっと　うらやましくて
ちょっと　拗ねちゃったね　負けたくなかったね

つらかったね　寂しかったね
イヤだったね　怖かったね
えらかったね　一人で出来たね

抱きしめて　ほしかったね
好きだよって言ってほしくて
それでいいよと　認めてほしかった

よくがんばったね　よくがまんしたね
いつも涙こらえて　弱音を吐かずに
よくがんばったね　よくあきらめずに
とてもすごかったね　かっこよかったよ

気付かなくてごめんねと　謝ってほしかった
ただわかってほしかった

もう一人じゃないんだよ　ずっと一緒に歩いて行こう
勝手に一人にならないで

人生は何度でも　やり直しがきくんだよ
たとえ負けても　たとえ勝っても
君のすごさは　ずっと変わらないよ

よくがんばったね　よくがまんしたね
いつも涙こらえて　弱音を吐かずに
よくがんばったね　よくあきらめずに
とてもすごかったね　かっこよかったよ

もうがんばらなくていいよ
もう我慢しなくていいよ

もう泣いてもいいよ　弱音吐いてもいいよ
がんばってきたから　あきらめなかったから
みんな見ててくれたよ　かっこよかったよ

（拍手）

まぁ幸せになろう、幸せになろうと言いながら、最終的に幸せっていうのは、幸せなことがある、楽しいことがあるっていう、その一つひとつじゃなくて。

やっぱり最終的には、幸せな日々、なのかなって思います。

日々の暮らし。

楽しいことがあっても、うれしいことがあっても、日々の暮らしがずっと我慢だったり、ずっと嫌だったら、それはそれでなんかちょっともったいないかなという気がします。

だから、日々の暮らしが淡々と幸せに生きていけるような、そんな穏やかな考え方にみんながなれたら。

迷惑をかけ合っても、好きなことしてても、とってもいい感じになるんじゃないかなと思います。

そんな最後に歌を。

生きる

（歌）♪

雨の日も　風の日も

吹きすさぶ　雪の日も

ただ起きて　息をして
ただここに　生きてゆく

悲しい日も　重たい日も
晴れの日も　楽しい日も

飯を喰らい　クソをして
また今日も　繰り返し

明日も　悲しみや苦しみがあるだろう
昨日も　イヤなこととつらいことあったから

誤解されて　叩かれても
そうかそうかと　生きてゆく

（講演会の最後が島根だっていうのもなんか楽しいな〜って思います。

神在月（かみありづき）で、出雲大社のそばで、とっても素敵なラストを迎えられました。

本当にありがとうございます）

悲しくて　バカにされて
うまくいかず　悔しくても

焦らずに　急がずに
ただひとつ　目の前のこと

ただ感じ　ただ思い
やりたいこと　淡々と

飯を喰らい　クソをして

また今日も　繰り返し

明日も　楽しいこと笑えること　あるといいな
昨日も　それなりに　楽しいことあったから

あったよね

また今日も　笑いながら
そうかそうかと　生きてゆく

（拍手）

あ〜、気持ちがいい。ありがとうございます。

そして、今日が、先ほども言いましたけどファイナルです。

この講演会というのは僕一人で回ってるわけじゃなくて、実はチームで回ってまして。

その最後の最後にちょっと、そのチームメンバーを紹介したいんです。

それでは、この一緒に地方を回ってくれて照明をやってくれてる、真後ろにね、矢崎さんっていうね、矢崎聖子ちゃん。

セイコちゃんどっかにいる？　見える？　あっ、見えない。矢崎さんがいます。

ありがとうございます。

そして、次、さっきもちょろっと出てきましたけど、音響さん。

音響さんで。嫌がってる。はい、おいで。會田雅子さんです。

新婚さんです。おいで。マサコちゃん、おいで、ありがとう。

會田雅子さんです。ありがとう。まあちゃんです。

そして、スタイリストとして僕の衣装をいつも持ち歩いてて着せてくれる衣装の中田有紀さん、ユキ、中田さん。

おいで。ありがとう。もうちょっと前に、光あたらへんやん。ありがとう。はい、おいで。ユキさ～ん。ありがとう。

そして、制作としてね、いろんな雑用から裏方から全部走り回ってくれてます。ドラちゃんこと、金澤明。アキラ、ドラちゃんです。

ドラえもんです。

そして、総合プロデューサー、総監督の望月一輝。

ありがとうございます。

ありがとうございました。

このメンバーで3年間一緒に回ってきました。

それまではね、一人ぼっちでやってたんですけども、こんなたくさんの人に助けられてやってきました。だんだん、ありがとう。

で、その最後の望月さんがいつも好きだと言ってくれるこの曲でツアーを終わりにしたいと思います。

みなさん、すみません、

最後までご協力ください。

心が風になる

（歌）♪

心が風になる　すべてを任せて　すべてを受け止めて
心が風になる　すべて悲しみも　すべての苦しみも

いつも何かに追い立てられて
いつも心は過去を引きずって

やりたいことさえわからなくなって
誰かの夢を生きてきた

心が風になる　こんな僕なんて　ほんとにちっぽけで
心が風になる　隠さずわがままに　生きると決めたとき

笑顔が見たくて頑張ってきたよ
誰かのためにと　自分を殺して

弱音を吐いてちゃいけないと
一人ぼっちで強く生きてきた

心が風になる　自分の素晴らしさ　信じてみたとき
心が風になる　優しさに包まれて　僕は自由になる

心が風になる　それでも愛される　信じてみたとき…

心が風になる　自分の素晴らしさ　信じてみたとき
心が風になる　優しさに包まれて　僕は自由になる

心が風になる
心が風になる
心が風になる

心が風になる　優しさに包まれて
僕は自由になる

（拍手）

ありがとうございました。

（拍手）

～舞台の袖より大きな箱が運ばれてくる～

――心屋さ～ん。

心屋　嫌な予感する。

――出雲の堀江（ほりえ）でございます。

心屋　ああ、やっぱりな。

――ちょっと今日どうしてもお届けしたいものがありまして。

心屋　いらないです。（笑）

――どうしてもお届けしたいものがありまして。

心屋　ちょっと待って。何？　嫌な予感しかしないな、もう。じゃあ、もうちょっと真ん中で。

――はい、真ん中に。

心屋　嫌な予感しかしないな、もうやめて。

――受け取っていただけますでしょうか。

心屋　嫌です。生き物入ってるんちゃう？　な？　生き物入ってるんちゃう？
やっぱりもう。ワハハ。すみません。さっき言ったうちの飛ぶ族の嫁です。

（拍手）

心屋　目立ちたがりか。

――飛ぶ族代表、心屋智子（こころやともこ）です。

心屋　飛ばねえ族代表、心屋仁之助です。

――今日はこんなにたくさんのみなさんに集まっていただき、本当にありがとうございます。心屋仁之助の話と歌を聴いていただいて、本当に感謝しております。みなさんがいてくださってこその心屋仁之助です。

心屋　あなたがいてくれてこその心屋でございます。本当にありがとうございます。

――ありがとうございます。

――堀江薬局の堀江君です。

心屋　大社前の参道の横の堀江薬局さんです。

――今日は講演会ファイナルということで、わざわざ京都から駆けつけました。

（拍手）

心屋　違うの。出る日に、最後の仕事行ってくるわな。いってらっしゃいで終わりやねん。こっそり来てた。

――仁さんは車で来たけど、私は飛行機で来ました。

心屋　で、実は、僕は君たちが来ることを知ってました。

――えっ、本当？

心屋　いよ〜う。

——誰が言ったの？

心屋　いろんなこの情報網。

——いや〜あ。

心屋　やだ〜、アハハ。

——まじで。

心屋　でも、この出方は想像してなかった。

——やった。

心屋　やだもう、最低。なんだこれ？　今日はありがとう。本当にありがとうございます。

～花束を～

――はい、では、お疲れ様でした。

心屋　重い。

――重いです。

心屋　重いです、ありがとう。

――お疲れ様でした。

心屋　はい、ありがとうございました。

――おめでとうございます。

心屋　はい、ありがとう。持たれへん。

――持てますか。

心屋　ありがとうございました。やっぱり。はい。絶対ね、内通者がおんのよ。

でも、ありがとうね。本当にありがとうございました。

はい、ありがとうございました。

さあ、ということで、これで僕の今年の仕事納めというわけではありませんが、講演納めでございます。

本当に最後に、最後にお会いできたみなさんが一番うれしい。

うん。本当に、本当に。

島根のみなさん、そして、全国から集まっていただいたみなさん。

本当にありがとうございました。

2階もありがとうございました。ありがとう。広島からありがとう。

そして、言っておきます。

今日、家帰ったら悪いことあります。（笑）

そこまで込みで講演ですし、そこまで込みで幸せです。

今日は本当に出会ってくれて本当にありがとうございました。

このあと、ハイタッチ会がありますので、その崩れた顔のままぜひ来てください。

そして、僕は心屋という名前でやってるんですけど、よく仁さんと呼ばれてます。仁さんって呼べない人たちがいっぱいいるということなので、もう今日は仁さんって言っていいので。

もし、何か最後に、最後の最後に僕に何か言いたいことがあったら、金返せとか、何でもいいですね。

何でも言いたいことがあったら、最後に叫んで帰ってください。

それでは、せえの。

（じんさ～ん）

ありがとうございました。

またね、お会いしましょう。

後ろもありがとう。立ち見の方も本当にありがとうございました。ありがとう、2階、ありがとう。ありがとう。ありがとうございました。ありがとうございました。ありがとう。ありがとう。ありがとうございました。ありがとうございました。ありがとう、ありがとうございました。後ろもありがとう。これね、全部に目がいかへんのが悔しい。

後ろ、ありがとう。ありがとう。そして、ありがとうございました。ありがとう。ありがとう。ありがとうございました。ありがとう。ありがとう。ありがとうございました。

また、再来年お会いしましょう。ありがとうございました。失礼します。

ありがとうございました。

おわりに

最後までお付き合いいただき、ありがとうございました！

心屋として活動を始めて10周年の区切りとして、

ずっとお伝えしてきたことをギュッと詰め込みました。

これからの僕がどのように変化していくのか全く

わかりませんし、今のこの僕の姿を10年前の自分は全く予想もしていませんでした。つまり人生は全く予想外の展開が待っている、ということですね！
そして、この本、このCDを手に取って頂いたあなたもきっと同じです。心屋に触れたから人生は楽しくなります。今よりずっと！こんどはぜひ生（ナマ）でお会いしましょう！

心屋仁之助

心屋仁之助
何があっても大丈夫

【著者紹介】

心屋 仁之助（こころや・じんのすけ）

◉——心理カウンセラー。兵庫県生まれ。「自分の性格を変えることで問題を解決する」という「性格リフォーム心理カウンセラー」として活動。19年間大手企業で働き管理職まで務めたが、退職。その後、自分や家族の問題がきっかけとなり、心理療法を学び始める。

◉——現在は京都を拠点として、全国各地での講演活動やカウンセリングスクールを運営。その独自の「言ってみる」カウンセリングスタイルは、たったの数分で心が楽になり、現実まで変わると評判。著書多数、累計で420万部を超える。

◉——また、2015年より音楽活動を本格的に開始し、2017年2月には初の武道館ライブを行い、5,500名以上の観客を動員。現在も音楽活動を積極的に行っている。

◉——本書は2017年の10周年講演会ツアー・ファイナルの地、神々の国・島根での音源を完全収録したものである。

公式HP　http://www.kokoro-ya.jp

公式ブログ「心が風に、なる」　http://ameblo.jp/kokoro-ya/

心屋仁之助　公式LINE

心屋仁之助　最初で最後の講演録　〈検印廃止〉

2018年 5 月 9 日　　第 1 刷発行

著　者——心屋　仁之助

発行者——齊藤　龍男

発行所——株式会社かんき出版

東京都千代田区麴町4-1-4 西脇ビル　〒102-0083

電話　営業部：03(3262)8011㈹　編集部：03(3262)8012㈹

FAX　03(3234)4421　　振替　00100-2-62304

http://www.kanki-pub.co.jp/

印刷所——大日本印刷株式会社

ISBN978-4-7612-7339-2 C0030
JASRAC 出1803394－801